JN097109

弁護士に学ぶ
シリーズ

弁護士に学ぶ！

企業不祥事・謝罪対応のゴールデンルール

──経営リスクを回避する具体的手法と実践

弁護士 奥山倫行 著

発行 民事法研究会

はしがき

私は登録19年目の弁護士です。日々、企業法務の分野を中心に仕事をしています。企業法務というのは、顧問先や関与先の企業、病院、学校、その他団体等、事業者の方々から法律や契約事にかかわる相談をいただき、トラブルや紛争を予防したり、それらを解決したりする仕事です。そして、その中で絶えることなく対応させていただいている業務の１つが、企業や組織・団体（以下、本書ではまとめて「企業」と表記します）で発生する不祥事と、それに対する対応や対策にかかわる業務です。

この本を手に取られている方の仕事や職場はさまざまだと思いますが、B to B の仕事でも、B to C の仕事でも、会社でも、学校でも、病院でも、行政でも、どんな職場でも人が働いています。そして、人が働いている以上、不可避的に発生するのが企業に所属する人が引き起こす不祥事です。企業を取り巻く不祥事の内容は多岐にわたります。製造または販売する商品への異物混入、製品の欠陥や故障、サービスの不備、従業員による横領や背任、社内外での不倫、顧客情報の流出、営業秘密の漏えい、インターネット上の炎上、偽装・不当表示、SNS での悪ふざけ投稿、業務上の事故、ブラック企業問題など、不祥事の内容をざっとあげただけでも枚挙に暇がありません。企業は、これらの不祥事にいつ直面してもおかしくない状況で、日々の事業を運営しています。そのような意味では、企業は常に多くの不祥事リスクにさらされているといえます。

しかも、インターネットが普及し、SNS による情報の送受信が隆盛を極める現在の世の中では、不祥事の内容と不祥事対応の巧拙が、企業の存亡を左右する状況にあります。不祥事が発生した場合に、その内容と対応は、インターネットを通じて瞬く間に世の中に拡がっていきます。一昔前までは「とにかく売上優先。不祥事対応なんて、後回し。対応方法なんて実際に何か問題が起きたら、そのときに考えればいいさ」といった姿勢で運営されている企業も多くあったように記憶していますが、今やそのような考え方が通用しないことは、世間的にもある程度、共通認識を得ていると感じています。

そのような意味では、不祥事の発生を未然に防止するだけではなく、不祥事が発生した場合に適切な対応が行えるようにすることは、すべての事業者が取り組まなければならない重要な経営課題の１つといえます。企業には、日頃からコンプライアンスの意味を正しく理解したうえで適切な企業運営を行うとともに、平時から、いざ不祥事が発生した場合の対応についても、大枠のフレームワークや具体的な手続の流れを理解しておくことが求められます。

本書では、細かな法的な論点の解説というよりは、不祥事が発生した場合に、少しでも落ち着いて適切に対応することができるように確認しておいていただきたい考え方や具体的な知恵を中心に紹介させていただいたつもりです。本書の内容が、少しでも多くの企業の「転ばぬ先の杖」として、お役に立てることを願っています。

2021年１月吉日

奥 山 倫 行

『弁護士に学ぶ！ 企業不祥事・謝罪対応のゴールデンルール』

目　次

第１章 はじめに ～対応の巧拙が明暗を分ける～

第２章 不祥事と謝罪対応の関係

第3章 ふさわしい謝罪対応を行うために

第4章 初期対応

第5章 原因究明

第６章　対応の検討と実施

第７章　再発防止策の立案と実行

第8章 情報の開示・公表

第9章 企業不祥事の場面での報道対応 Q&A

目次

目次

第１章

はじめに
～対応の巧拙が明暗を分ける～

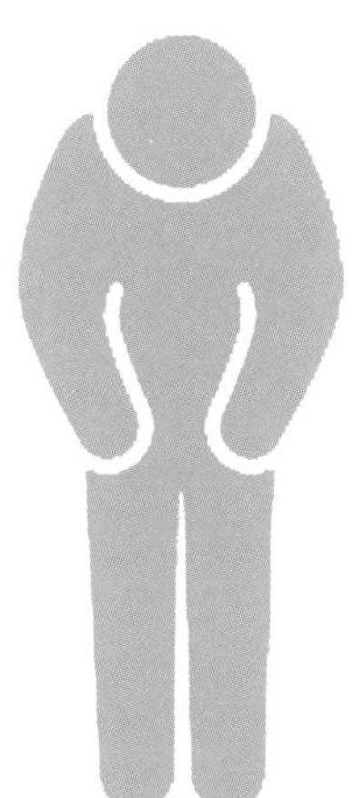

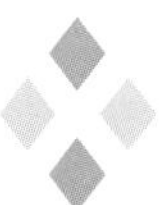

不祥事発生後に世間からバッシングを受ける場合と、バッシングを受けない場合はどのような点に違いがあるのでしょうか。もちろん不祥事の内容自体も問題ではありますが、それと等しく、いや、場合によってはそれ以上に、不祥事発生後の対応、とりわけ謝罪対応の巧拙が、その後の明暗を分けることも多いものです。

この点を考えるにあたり、同じ内容の不祥事にもかかわらず、不祥事発生後の対応によって明暗が分かれた対照的な事例があるので紹介させていただきます。2019年6月に発覚した「お笑い芸人闇営業問題」という事例です。一時期、広く報道されたので記憶に残っている人も多いかもしれませんが、不祥事発生後の対応、とりわけ謝罪対応の重要性を考えさせられる好事例なので、少し長くなりますが紹介させていただきます。

1. 吉本興業の場合

(1) 事の発端

事の発端は、2014年12月にさかのぼります。東京都内のホテルで、特殊詐欺グループにかかわっていた人物が代表を務める忘年会を兼ねた会合が開催され、その場に所属事務所を通すことなく複数のお笑い芸人が参加し、芸を披露して金銭を受領していました。

そして、それから5年が過ぎた2019年に、写真週刊誌が会合の内容をスクープし、その内容は瞬く間に新聞やテレビやインターネットに飛び火し、世間に拡がっていきました。報道によって、有名なお笑い芸人の名前が五月雨式に明らかになっていったこともあり、時間の経過とともに世間の関心も高まっていきました。

問題とされた会合には、複数の芸人が参加していたのですが、その中でも特に注目を浴びたのが、吉本興業に所属する雨上がり決死隊の宮迫博之さんとロンドンブーツ1号2号の田村亮さんでした。2人は、参加したお笑い芸人の中でも特に人気があり、著名な存在だったために、より世間からの関心を呼び込んでしまいました。

(2) 炎上を招いた曖昧な説明

最初に取材を受けたタイミングで、問題とされた会合への出席の経緯や顛末について、ありのままを説明することができればよかったのですが、まずかったのは、そこで正確な説明ができずに、その後の説明内容が変遷してしまったことです。

考えてみれば、会合が開かれた時期は、報道されたときから５年も前の2014年のことです。ただでさえ忙しい日々を過ごしている芸能人ですから、突然５年も前のことを聞かれても、薄れた記憶の中で瞬時に正確な回答をするのは難しいように思います。しかし、世間は、そうは理解してくれません。この件に限りませんが、不祥事に関する説明内容の変遷があると、世間は「自分に都合の悪いことを隠そうとした」という方向でとらえてしまいます。

当初、宮迫さんは、反社会的勢力の忘年会に参加したことは認めたものの、詐欺グループの宴会だとは知らなかったと述べ、金銭を受け取ったことも否定しました。田村亮さんも、Twitterで騒動については謝罪しましたが、詐欺グループの宴会だとは知らなかったと述べ、金銭を受け取ったことは否定しました。

この説明内容は、普通に考えれば誰もが不自然に感じる内容です。所属事務所にも、芸人本人にも対価が支払われないにもかかわらず、著名な芸能人が、それまで全く面識がなかった人物が主催するパーティーに出席して、わざわざ芸を披露するというのはかなり違和感の残る話です。当然のことながら、金銭の授受を否定したことに対して、世間の反応のほとんどは、「え？　そんなはずはないでしょ？　金銭を受け取っていないはずないと思うけど……」といったもので、２人が金銭の授受を否定してしまったがゆえに、世間からも疑惑の目が向けられることになりました。いったん、疑惑の芽が芽生えてしまうと、報道機関は、真実を追求するために深追いせざるを得ません。報道機関には国民の知る権利に応えるという使命がありますから、疑惑が生じたり、不合理な説明がされたりしてしまうと、報道機関も真実を明らかにするために、取材を過熱せざるを得なくなります。

(3) 状況を悪化させた会社の対応の変遷①

吉本興業も、当初は2人の説明内容に呼応するように、芸人が金銭を受け取っていたことは確認できないと説明していました。そのうえで、吉本興業は、騒動の対象となった芸人に対して、厳重処分を科する旨を公表しましたが、その内容は、所属する事務所を通さずに仕事をして反社会的勢力から金銭を受け取ったことというよりも、芸人が無断で活動を行ったことを対象とするものでした。

事実経緯からすると、報道されるよりも早い段階で、会合に参加した他の芸人からのインタビューも済んでいたのだろうとも推察しますが、芸人のイメージを守るために事実を隠そうとしたのか、隠せるところは隠したまま乗り切ろうと考えたのか、真偽のほどは定かではありませんが、吉本興業の対応に対する世間の反応は、「金銭の授受について、うやむやなまま事態を収束させようとしているのでは？」といったものでした。

そのため、吉本興業は、騒動の対象となった芸人に対して改めて聞き取り調査を実施し、その結果、対応を一転させ、宮迫さんや田村亮さんも含めて多くの芸人が金銭を受領していたことが判明したとして、2019年6月24日に謹慎処分にしたことを公表しました。

(4) 状況を悪化させた会社の対応の変遷②

吉本興業が当初の態度を一転させたことが、より一層、世間の興味と関心を呼び込むことになります。この空気感を変えるために、宮迫さんや田村亮さんは記者会見を開いてありのままの事実を世間に公表して謝罪したいと吉本興業に申し入れました。しかし、吉本興業はこれに応じず、同年7月19日には、宮迫さんとのマネジメント契約を解除し、翌20日には、田村亮さんとのマネジメント契約も解除してしまいました。

この対応も、吉本興業の意に沿わない行動をしようとする宮迫さんと田村亮さんに対する意趣返しとして受け取られるようなもので、普通の会社の対応としては異質で、違和感を伴って報道されました。

その後、宮迫さんと田村亮さんは、インターネットを通じて涙ながらの緊急謝罪会見を実施し、今度はその数日後に吉本興業側も緊急記者会見を行い、その謝罪会見の内容や方法について世間からは批判の声が上がり、騒動は収束せずに暫らく続いていきました。

2. ワタナベエンターテインメントの場合

他方で、以上の吉本興業の事例と対照的な事例がありました。それはワタナベエンターテインメントの対応です。問題となった会合には、ワタナベエンターテインメントの別の芸人も参加していたのですが、事態は全く違った形で推移していきました。

どのような経緯をたどったかというと、ワタナベエンターテインメントが正式に事実を公表したのは、2019年 6 月24日になってからのことでした。吉本興業の所属タレントに関する報道は 6 月初旬に始まっていますので、その間20日近く沈黙を続けていたことになります。このタイミングになって初めて、ワタナベエンターテインメントは、所属タレントのザブングルの 2 人も会合に参加していたと報告し、同コンビの謹慎処分を発表しました。ワタナベエンターテインメントが沈黙を破った日は、吉本興業がタレントを謹慎処分にしたのと同日なのですが、吉本興業の対応と同日に発表すれば記事もそれほど大きく扱われなかったり、目立たなかったりするだろうということも考えてタイミングを選定し、あえてこの日を狙って発表したと思える絶妙なタイミングでした。

また、ワタナベエンターテインメントは、ザブングルが 7 万5000円の出演料を受け取っていたことや、すでに税理士を通じて税務申告の修正を行っていることや、しかるべき団体に支払うべく警察関係者などを交えて協議しているといった内容も公表しましたが、これらの対応や説明も世間の納得を得られるものでした。吉本興業の対応が二転三転してしまったこととの対比もあると思いますが、特段、世間から悪印象をもって受け取られずに済みました。そして、この公表内容はその後も、「実は○○でした」といった変遷もなく、一貫して維持されました。

1点だけ、公表のタイミングについては、世間から、「問題が大きくならなければ公表しないつもりだったのではないか？」とか、「公表が遅すぎないか？」とか、「意図的に公表を遅くしたのではないか？」といった批判的な声も上がりかけましたが、ワタナベエンターテインメントは、同年7月1日にあらためて、「弊社の聞き取り調査に対し、本人は、当初より、細かな経緯とともに、入江氏より各自それぞれ7万5000円の金銭を受領した旨申告し、反省の弁を述べておりました。弊社としてはすべてを速やかに発表する予定でおりましたが、弊社の発表に先立ち、本件に関係する他のタレントおよびその所属事務所より金銭の授受がない旨の発表があったことから、再度、事実関係を慎重に確認のうえ、先月24日にあらためて金銭授受の事実を公表させていただきました…（中略）…弊社としてはザブングルの謹慎期間を2019年8月末日までとすることといたしました」という内容を説明しました。この内容をみた世間の反応は、「なるほどね。そういう判断もあるよね」、「そうだったのね」といったもので、世間からも、おおむね納得を得られるものでした。少なくとも、この説明を受けて、さらに報道が過熱したり、インターネット上のバッシングを呼び込んだりすることなく、世間の反応は沈静化し、事態も紛糾することなく収束していきました。

3. 両社の対応が明暗を分けた要因

この2つの事例は、同一の機会におきた同内容の不祥事に関するものです。ところが、不祥事が発覚した後の企業の対応により、それぞれ全く異なる経緯をたどっています。吉本興業とワタナベエンターテインメント、両社の明暗を分けた要因はどこにあったのでしょうか。

［表1］（明暗を分けた両社の対応）の対比表をご覧ください。この対比表は、両社の対応の差異を整理して、まとめたものです。これをみると、不祥事発生時の謝罪対応に関する各項目に関する両社の対応が、とても対照的であることがわかります。

［表1］ 明暗を分けた両社の対応

	項目	吉本興業	ワタナベエンターテインメント
1	虚偽の説明	×	○
2	一貫した説明	×	○
3	供述が変遷した合理的な理由	×	○
4	詐欺被害者への謝罪	×	○
5	明確な処分（内容・期間）	×	○
6	会社がタレントを守る姿勢	×	○
7	会社とタレントの同方向性	×	○

不祥事発生時の謝罪対応においては、踏んではならない地雷

がいくつかあります。そして、吉本興業は見事にその地雷を踏んでしまい、他方で、ワタナベエンターテインメントは上手に地雷を回避したように見受けられます。項目ごとに見ていきます。

⑴ 虚偽の説明等（項目１・項目２・項目３）

まず、問題が発覚した当初、宮迫さんは写真週刊誌からの取材に対して、忘年会に参加したことはあるが、反社会的勢力だったことは知らなかったし、金銭も受領していないと説明していました。吉本興業もこの点に関しては明確に説明しませんでした。しかし、結果的に吉本興業は「その後の調査で金銭の授受が発覚した」と説明しています。宮迫さんは、突然の取材に動揺した部分があったのかもしれませんし、５年前のことで記憶が薄らいでいたのかもしれませんし、これほど大事になると受け止めていなかったのかもしれませんが、結果的に嘘の説明をしてしまったことになります。

昔は、マスコミからの質問に対して、逃げたり、隠れたり、知らないという対応も通用したかもしれませんが、インターネットやSNSが隆盛を極め、誰もが多くの情報を簡単に入手することができる現在の世の中では、事実と違う説明をしてしまった後に、その内容を維持し続けられる可能性はかなり低くなっています。

そのため、仮に、吉本興業が所属タレントによる虚偽の説明に気づいたのであれば、間違った説明をしたままの状態を容認するのではなく、可能な限り早い段階で間違った説明をしたことを謝罪し、その理由とともに説明し直すべきだったのです。

人は誰でも、動揺したり、不意をつかれたりして、とっさに意に沿わない発言をしてしまった経験があるはずです。そのような場面では、とにかく早い段階で正直に正面から非を認めたほうが、世間からも、「そういったこともあるよね」、「なるほど、理解できなくはないね」といった方向で肯定的に受け止めてもらえ、印象悪化の傷口も大きくならずに済むものです。発言内容を訂正すると、説明内容が変遷することにはなりますが、説明が変遷した合理的な理由を説明できれば、それだけで断罪されることはまずありません。

他方で、ワタナベエンターテインメントは、2019年7月1日のプレスリリースで「弊社の発表に先立ち、本件に関係する他のタレントおよびその所属事務所より金銭の授受がない旨の発表があったことから、再度、事実関係を慎重に確認のうえ、先月24日にあらためて金銭授受の事実を公表させていただきました」と説明しています。当初から金銭の授受があったことを把握していたことをうかがわせる説明ですし、虚偽もなく、一貫しており、変遷もありませんでした。このような説明内容も、世間の納得を得られた一因になりました。

(2) 詐欺被害者への謝罪（項目4）

次に、吉本興業とタレントが公表した謝罪文には、詐欺被害者に向けられていると受け取れる言葉がなく、これも世間の納得を得られなかった原因の1つになりました。この騒動の背景には、特殊詐欺で被害を受けた人がたくさんいるであろうこと、タレントが受け取った金銭は詐欺にあった被害者の方々からだまし取った金銭かもしれないことは、少し考えれば、想像できることです。そのため、吉本興業とタレントが公表したコメントをみて、世間は、「おいおい、何が問題か本当にわかっているのか？」、「詐欺被害者がいることを忘れていないか？」、「特殊詐欺の被害にあった人々を無視するのは重要な反省の視点が欠けているだろ！」といった反応を示しました。このように、その不祥事にかかわる大事なステークホルダーへの配慮が欠落しているような謝罪は、反省が甘いと受け取られてしまい、世間の納得を得られません。

他方で、ワタナベエンターテインメントは、2019年7月1日に公表したプレスリリースで、「参加した会合が反社会的勢力の主催であることにつきまして、本人の認識がなかったとはいえ、両名が入江慎也氏より受領した金銭の元手に、当該詐欺グループの詐欺行為により詐取された金銭が含まれていた可能性が高いことを鑑みますと、当該詐欺行為の被害にあわれた被害者の皆様に対して大変申し訳なく、所属芸能プロダクションとして、両名がとった軽率な行為に対し、その責任を大変重く受け止めている次第です」といった形で詐欺被害者を意識した内容を公表しており、この点も、世間の納得を得られた一因になりました。

⑶　明確な処分（項目５）

続いて、吉本興業が最初に示した処分の内容は「当面の間謹慎処分」という内容でしたが、世間の納得を得ることはできませんでした。なぜかというと、処分の内容が不明確だったからです。

「当面の間謹慎処分」という内容に対する世間の反応は、「え？　当面の間っていつまで？」、「だから、どんな内容なの？」、「そもそも謹慎処分って何？」といったものでした。疑って考えると、あえて曖昧な処分を示しておいて、世間の関心が薄らいできたら、これまで通りの業務を再開させようとしているとの印象を与えかねない内容です。世間は、「具体的にどのような処分をするつもりなのか？」、「どのようにして決着をつけるつもりなのか？」、「会社がどの程度の重みをもって受け止めているのか？」というように、企業の具体的な姿勢や対応内容に関心をもっているのに、吉本興業の処分内容は、このような世間の関心をはぐらかすようなものでした。

他方で、ワタナベエンターテインメントの説明はこの点でも明確でした。タレントは、「謹慎期間中は、ボランティア先を見つけて活動する等の社会貢献を行い、自分自身を真摯に見つめなおすとともに」、「謹慎期間中のボランティア活動以外の時間においては、両名が社会人としての常識を高められるよう、弊社の事務サポート業務等を行わせる予定です」、「両名より社会貢献を行う等の申し出がなされたこと等を勘案し、弊社としてはザブングルの謹慎期間を2019年８月末日までとすることといたしました」といった記載により、処分の内容と期限を明確に伝えていました。このように、具体的な内容を示すことができなければ、世間の納得は得られません。

⑷　会社とタレントの関係（項目６・項目７）

最後に、会社とタレントの関係性という、本事例に特有の問題についてです。一連の経過の中で、吉本興業の社長が、自分たちの非を認めて世間に謝罪しようとする宮迫さんや田村亮さんに対して恫喝したとか、宮迫さんや田村亮さんが記者会見をしようとしたのを制止したことが報道されました。本来、会社としては、会社も自分事として反省しつつ、可能な限り所属メンバーを守る姿勢を示さないと、世間の納得を得ることは難しいと思います。非を認めて、世間に謝罪しようとするタレントの行動を、多くの人は適切な行動だと受け取ります。その適切なふるまいをしようとするタレントに圧力をかけて、契約解除までしてしまうというのは、どういうことなのでしょうか。この点の違和感が、さらに別の角度から世間の関心を掻き立てていきました。吉本興業では、そもそもタレントと合意している契約書がなかったり、契約書をつくらない理由も、家族だから契約書はいらないといった説明をしてきたりといった不可思議な契約実態にあることが露見しました。吉本興業の内部では成り立ってきたことかもしれませんが、このような契約実態は世間一般からすれば、常識外れです。

他方で、ワタナベエンターテインメントの対応姿勢からは、企業とタレントが一枚岩になっていっしょに真摯に対応しようとしていることがうかがわれます。少なくとも、吉本興業のように、タレントを全面的に矢面に立たせてしまったり、社長がタレントに対して恫喝したり、タレントが適切な行動をしようとしているのを制止しようとしたりといったことは行われませんでした。プレスリリースからも、今回の問題を、企業としても自分事としてとらえて、世間の信頼を取り戻すためにタレントといっしょに歩んでいこうとする姿勢がうかがわれました。この内容は、多くの日本人の感覚にかなう企業姿勢であり、世間の納得が得られやすいものでした。

4. 謝罪対応＝世間からの信頼回復プログラム

少し長くなってしまいましたが、両社の謝罪対応の巧拙が、両社に対する世間の反応の違いを生み出した理由を理解していただけたのではないかと思います。そして、実は、これまでの説明の中で繰り返し用いた言葉があります。その言葉こそが、不祥事発生時の謝罪対応の成否を分けるキーワードで、本書においても、具体的なノウハウや手法を説明する際の重要な言葉です。

どの言葉かというと、「世間の納得」という言葉です。不祥事が発生したときに企業の存続の可否を分ける最大のポイントは「被害者を含めた世間の納得を得られるかどうか」という点に尽きます。

すべての企業は世間の役に立つからこそ存続が認められ、成長も許されます。すべての企業は、世間が存続を許さなければ、存在意義を失い、市場から撤退せざるを得ない存在です。そうすると、不祥事発生後の対応の是非も、「被害者を含めた世間の納得を得られるかどうか」という観点から検討する必要があります。

不祥事が発生したときに関心をもつべき点は、「不祥事の内容が世間から許されるレベルか否か。仮に不祥事が世間から許されるレベルのものだったとしても、不祥事が起きた後の言動でいかに世間からの信用を回復できるか否か」ということです。不祥事が発生し、世間からの信頼を回復するためには２つのハードルがあります。１つ目のハードルは、そもそもその不祥事の内容が世間から見て許されるレベルのものかどうかというハードルです。先ほど説明した吉本興業とワタナベエンターテインメントの事例の不祥事内容は、いずれも、「5年前に、特殊詐欺グループにかかわっていた人物が代表を務める忘年会を兼ねた会合が開催され、その場に所属事務所を通すことなく複数のお笑い芸人が参加し、芸を披露して金銭を受領していた」という同一のものでした。この事例自体が好ましくない出来事であることはもちろんとしても、違法で、直ちに刑事事件になるとか、会社が業務を停止せざるを得なくなり、その後の営業も許されないといった類の不祥事ではありませんでした。ですので、この事例は1つ目のハードルはクリアできていたことになります。

そして、仮に不祥事が世間からみて許され得る内容のものであったとしても、次に2つ目のハードルがあり、それを乗り越えられなければなりません。そのハードルは、その後の企業の謝罪対応が世間からみて納得し得る内容になっているかどうかです。冒頭で説明した吉本興業の謝罪対応は、世間からの納得が得られにくい内容だったのに対し、ワタナベエンターテインメントの謝罪対応は世間からの納得が得られやすい内容だったので、結果的に評価が分かれてしまったのです。

【図1】 信頼回復に向けた2つのハードル

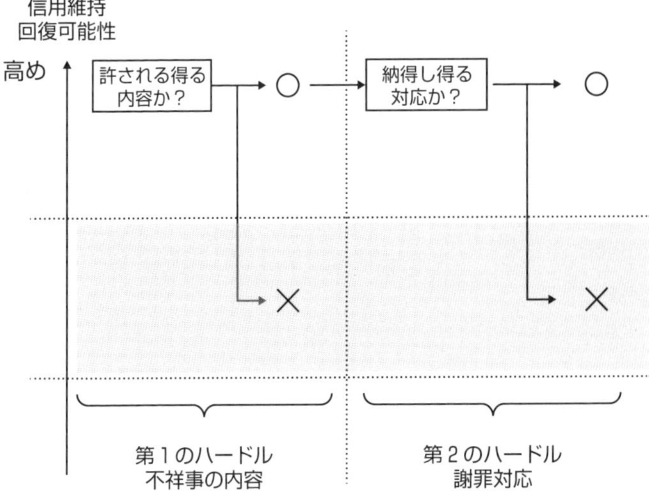

第2章

不祥事と謝罪対応の関係

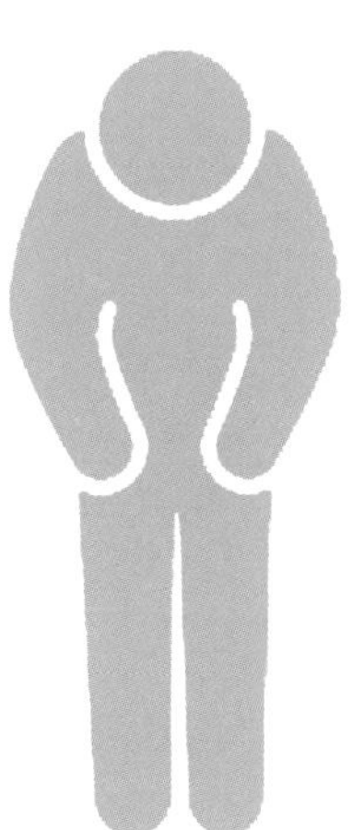

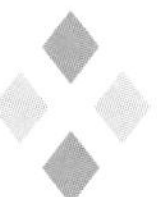

発生した不祥事の内容自体は深刻ではなかったとしても、その後の対応に失敗して苦境に陥る企業があります。苦境に陥る原因は、不祥事発生後の謝罪対応の重要性を十分に理解することなく、誤った認識のもとで謝罪対応を進めてしまうことにあります。そこで、以下では、不祥事と謝罪対応の関係を確認したうえで、不祥事が発生した場合に適切な謝罪対応を進めるためにどうすべきかを説明させていただきます。

1. 不祥事をそのまま放置した場合

不祥事を起こした企業が何も対応せずに放置した場合に、世間の感情は、どのように変化していくでしょうか。【図2】（不祥事を放置したら？）をご覧ください。縦軸が世間の「信用」で、横軸が「時間」です。この図では、世間の感情が、「不安」「不満」のゾーンを超えて「不信」のゾーンに達しています。そして、このままの状態で放置されると「怒り」のゾーンに入り、いよいよ関係性の修復が困難になります。不祥事の内容や程度にもよりますが、訴訟を提起されたり、インターネット上で悪い評価の書き込みをされたり、それらが報道やSNSで拡散されるといった負の連鎖が始まり、やがて、企業の存続すら危ぶまれる事態に陥ることも予想されます。

【図2】 不祥事を放置したら？

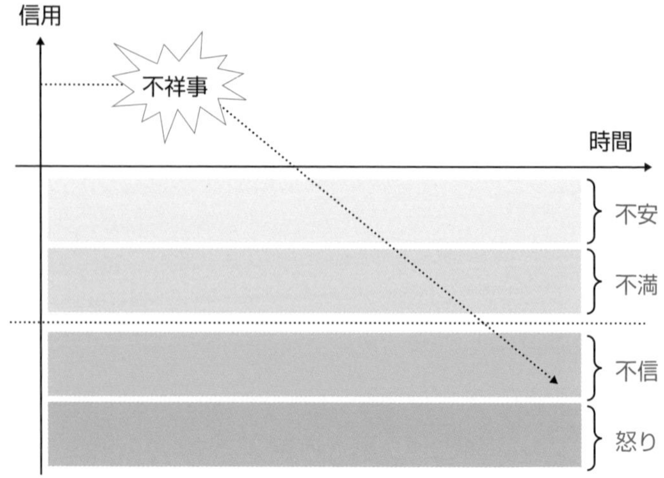

2. 謝罪対応に失敗した場合

進行する負の連鎖を食い止めるためにも、不祥事が発生した場合に、信用低下を食い止めるための対応が必要になります。そして、信用低下を食い止めるための方法が、謝罪対応です。被害者がいる不祥事の場合には被害者に直接謝罪したり、または世間向けに謝罪会見を開いたりして、世間に蔓延する不安や不満の感情を取り除くための行動をとる必要があります。

ここで注意しなければならないのは、「ただ謝罪すればよいわけではない」ということです。求められるのは適切な謝罪です。ここで適切な謝罪を行わなければ、信用低下のベクトルは加速度を増し、一気に、「不安」「不満」のゾーンを超えて「不信」や「怒り」のゾーンに突入していきます。

【図３】　謝罪対応に失敗したら？

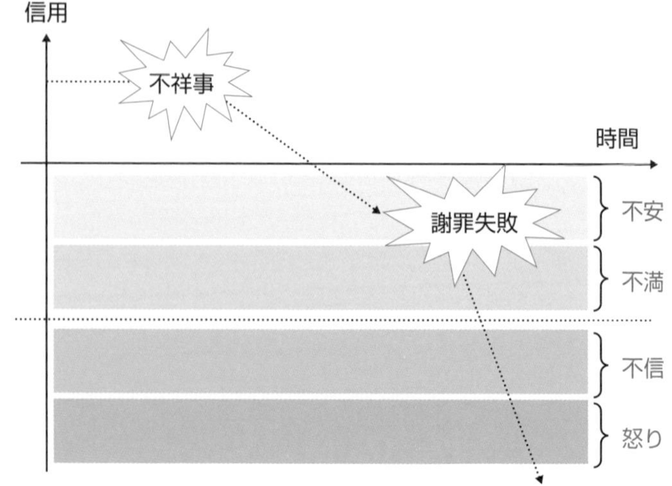

被害者に直接謝罪したにもかかわらず、謝罪の方法が悪くて、かえって被害者の怒りをかった例は枚挙に暇がありませんし、謝罪の方法が悪くて世間が炎上してしまい、企業の信用が失墜してしまった例もたくさんあります。

少し前の事例ですが、印象的な事例があるので紹介します。ペコちゃんで有名な株式会社不二家（以下、「不二家」といいます）の事例です。マスコミから、「埼玉工場において、消費期限切れの牛乳を原料として使用している事実を知りながら、それが発覚したら雪印乳業の二の舞になるとの理由で隠ぺいした」かのように報じられたため、同社に対する信用が失墜してしまいました。

この事例では、企業コンプライアンスや食品衛生の専門家、弁護士、公認会計士などの外部の専門家によって不二家信頼回復対策会議が設立され、同会議は平成19年３月30日付「信頼回復対策会議最終報告書」を作成し、詳細な内容を報告しています。この報告書は、不二家のウェブサイトでも公表されているので、そこで見ることができます。この報告書では、そもそも食中毒などの危険が生じたこともなく、行政処分の対象となるような違法行為がなされたわけでもなかったことが報告されています。それにもかかわらず、記者会見でテレビカメラが映し出した、「マスコミに発覚すれば雪印の二の舞」という不二家のコンサルタントが作成したメモの文言が１つのきっかけになって、「不二家は何か都合の悪い事実を隠匿しているに違いない」という世間のムードが醸成され、それに乗っかるような形で、新聞やテレビが連日、不二家をバッシングしたとのことです。

　世間の興味や関心は、ギャップがある事柄や、想像と違った出来事に集まります。この事例でも、クリーンなイメージの強かった不二家が不祥事を起こしたことで、より一層世間からの関心が集まってしまいました。

　そして、いったん、そのようなムードが醸成されてしまうと、それを覆すのは容易ではなく、いくら丁寧かつ正確に事実を説明しようとしても、さらなる隠ぺいすら疑われるという悪循環に陥ってしまいます。その結果、不二家は、その後の事業活動にも大きな影響を与えかねない深刻な影響を受けました。不祥事の内容以上に、不祥事発生後の対応が重要だということを物語る事例です。

3. 適切な謝罪対応で信用の回復を

不祥事が発生した場面でも、難しく考えることなく、ふだんの日常生活における謝罪と同様に考えることが大切です。

人生の中で、謝罪を経験したことがない人は、いないと思います。

ほとんどの人は、言葉を覚え始めた頃に「ごめんなさい」という言葉を習得するはずです。子供のときにいっしょに遊んでいる子供を叩いて泣かせてしまい、どうしてよいかわからずに、ぼうっと立っていると、周りにいた大人が駆け寄ってきて、「あら、○○君！　☆☆ちゃんが、泣いているじゃない？　ちゃんと謝った？　ごめんなさいは？」と言われ「謝る」という行動を教わります。

言葉の意味を覚える前から、「ごめんなさい」という言葉を教えられて、実際に「ごめんなさい」という言葉を発すると、周りの大人から「あらー！　○○君、よく言えましたね。偉い」と言われて褒められます。そんな体験を繰り返しながら、誰もが「間違ったことをした場合には、謝る」ということを、身に付けていきます。

その後も、小学校、中学校、高校、大学と、さまざまな場面で、謝罪したり、謝罪されたり、あるいは強制的に謝罪させられたりといった経験を積んで人生を歩んでいきます。

特に社会人にとって、謝罪は、相手との関係を円滑にするための潤滑油の意味合いがあります。社会人が謝罪する際に考えることは、相手の許しを請うために、表現に違いはあると思いますが、「このたびは○○をしてしまって、ご迷惑をおかけしました。申し訳ありません。今後二度とこのようなことが起きないように、気を引き締めて生活しますので、今回は何卒ご容赦ください」といった言葉を述べて誠意を示します。

そして、企業の謝罪だからといって、個人が謝罪する場合と比べて、特別な新しい何かをしなければならないわけではありません。誰しもが幼稚園児くらいのときから、人生において経験してきている謝罪と同じことをするだけです。あたりまえの謝罪をあたりまえに行うこと。それこそが、企業が不祥事を起こした後の謝罪対応を進めるにあたって、最初に確認しておきたい大切な事柄です。

【図4】 適切な謝罪対応で信用の回復を！

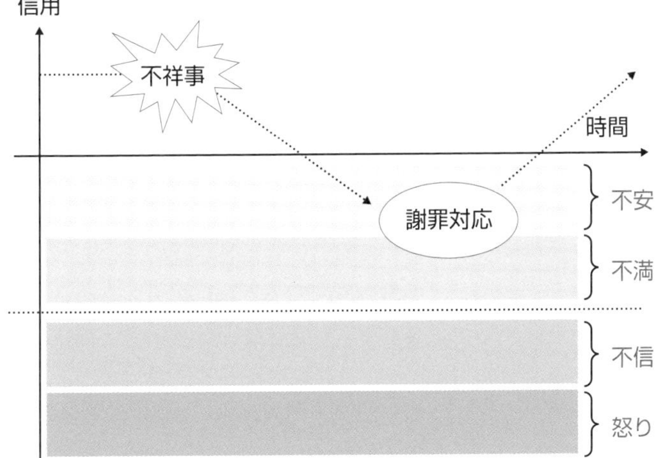

4. 適切な謝罪対応とは何か？

ところが、企業が謝罪しようとする場面で、あたりまえの謝罪をあたりまえに行うことができなくなってしまうことがあります。どうして適切な謝罪ができなくなってしまうのかというと、利害、損得、立場、信用、名誉、面子、打算といったさまざまな要素が邪魔をするからです。企業の謝罪の場合には、その謝罪によって影響を受ける関係者も多いので、関係者に及ぼす迷惑や損害を想像すると、簡単に身動きがとれなくなってしまうのです。

でも、このような状況にあるのは、子供だって同じです。素直に「ごめんなさい」と言えない子供も多いそうで、そのような子供が何故素直に謝罪の気持を表現できないかというと、「恥ずかしいから」、「怒られると思ったから」、「負けた気分になるから」、「損した気分になるから」といった理由だったりするそうです。素直に謝ることができずにただ泣いている子供に対して、親は、「ごめんねと思って泣いていても、言葉にしないと伝わらないよ」、「ごめんなさいと言えないのは、もっと恥ずかしいことだよ」、「自分がされたらどんな気分になる？」といったことを、根気強く教えていきます。いろいろと複雑な感情があったとしても、「それらを取っ払って、謝るべきときには反省してシンプルに謝らなければならない」といった原理原則を伝え、シンプルな謝罪の所作に繋げていきます。

子供にできることが、大人の集まりである企業にできないはずはありません。企業を取り巻くさまざまな事情があって、考えなければならない利害、損得、立場、信用、名誉、面子、打算といったさまざまな要素も複雑多岐に絡み合うかもしれませんが、最終的にはシンプルに考えて、不祥事の原因を突き詰めて、謝るべき内容があれば、ちゃんと謝って責任をとらなければなりません。難しいことのように感じるかもしれませんが、適切な謝罪対応のポイントは、適切な心がけで、適切な方法で謝るという極めてシンプルなことに尽きます。

本書の第３章では「適切な心がけ」を、第４章以下では「適切な方法」をそれぞれ説明します。謝罪のテクニック的な実践的かつ具体的な内容は、第４章以下で説明しますが、それらは適切な心がけのもとで行わないと功を奏しませんので、まずは第３章の内容を確認したうえで、第４章以下の内容を読むようにしてください。

第3章

ふさわしい謝罪対応を行うために

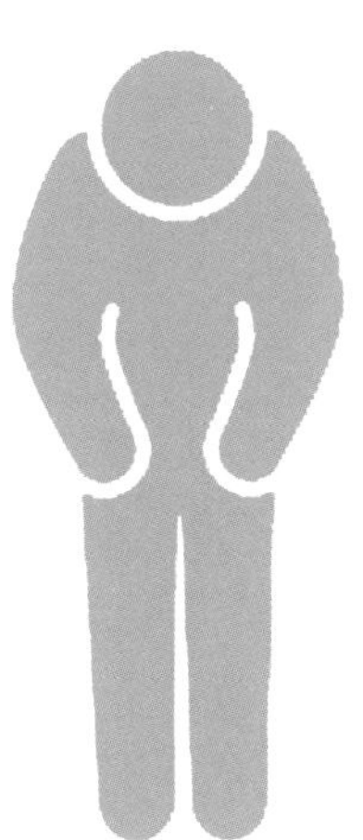

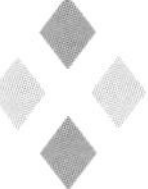

不祥事発生時に適切な謝罪対応を行うためには、適切な心がけで行う必要があります。適切な心がけのもとで謝罪しなければ、表面上は取り繕っていたとしても、どこかのタイミングで馬脚を現してしまいます。謝罪対応の場面では、とっさの対応や回答を求められる場面が多々ありますが、不適切な心がけで対応していると、とっさに不適切な発言を発してしまい、それがその後の対応の足かせになることも少なくはありません。そこで、本章では、適切な謝罪対応を行うための心がけについて説明させていただきます。

1. 不祥事は不可避的に発生する

企業は人の集まりです。そして人はミスをする生き物です。誘惑に迷うこともあれば、欲望に負けることもあります。自分の保身に走ることもあれば、その場の感情に流されてふだんであればしないような対応をしてしまうこともあります。どこを探しても、ミスをしない完璧な人間はいません。多くの人が集まっている企業で、ミスや不祥事が発生するのは当然です。人が集まれば集まるほどミスが発生する確率は高まるからです。

そうすると、不祥事に関する対応や対策を考えるに際しても、「不祥事は不可避的に発生する」ことを前提にしなければなりません。

そもそも、企業はリスクに囲まれています。商品の欠陥、工場の火災、社内の不正、異物混入、情報漏えい、従業員の犯罪等、「自分たちには関係ない」と考えながら日々の仕事をしているかもしれませんが、どんな企業であっても、これらの不祥事に巻き込まれる可能性は否定できません。実際に、日々の新聞やテレビやインターネット上のニュースでは、さまざまな不祥事の事例が報道されています。記憶に新しい例だけでも、神戸製鋼や三菱マテリアルのデータ偽装事件、日産自動車やスバルなどの検査不正事件、日産のカルロス・ゴーンに関する問題、お笑い芸人の闇営業問題等、さまざまな企業不祥事の事例が報道されています。

これらの企業が不祥事の防止を念頭において行動していなかったかというと、そんなことはありません。いずれも日本を代表する大企業なので、日頃から不祥事が発生しないように努めており、不祥事発生後もできる限りの対応をしようと努めてきたはずです。それでもやはり不祥事が発生し、その対応いかんによって、マイナスのイメージで報道されて拡がっていってしまう場合があるのです。どんなに大きな企業でも、どんなに社歴の古い企業でも、どんなに業績が良い企業でも、どんなに社会的な貢献度合いが高い企業でも、人が中心になって運営している限り不祥事は不可避的に発生するので、まずはそれを前提として行動することが求められます。

2. コンプライアンスの意味を確認する

具体的な不祥事対応や対策の話に入る前に確認していただきたい重要な事柄があります。何かというと「コンプライアンス」に関する話です。コンプライアンスを正しくとらえておかないと、不可避的に発生する不祥事に対して、適切な対応を進めることはできません。

(1) 不祥事の発生原因はコンプライアンス違反に集約される

不祥事の発生とコンプライアンス違反は切っても切り離せない関係にあります。企業不祥事の原因のほとんどは、個人や組織のコンプライアンス違反が原因で引き起こされるからです。そもそも、「コンプライアンス」という言葉が日本で使われるようになったのは、1990年頃といわれていますが、今ではコンプライアンスという言葉を知らない社会人はほとんどいないと思います。

(2) コンプライアンスを正しく理解する

しかし、コンプライアンスという言葉が正しく理解され、それが世間に浸透しているかというと、必ずしもそうとは言い切れません。

企業のコンプライアンス研修で話をさせていただく際に、冒頭で、「コンプライアンスという言葉を知らない人はいないと思いますが、コンプライアンスとは、どのような意味ですか？」と尋ねるのですが、この質問に対して一番多い答えは、

「コンプライアンス＝法令遵守」というものです。同業の弁護士と話をしていても、たまに、「コンプライアンス＝法令遵守」と理解している人がいるくらいなので、一般の人が、「コンプライアンス＝法令遵守」と考えるのは自然なことのようにも思います。

ただ、結論からいうと、「コンプライアンス＝法令遵守」という答えは、コンプライアンスの理解としては不十分です。コンプライアンス（Compliance）という単語は、Comply（〜に従う）という動詞の名詞形で、「〜に従うこと」という意味です。何に従うかについては、明示されていませんが、おそらく最初にコンプライアンスという言葉が使われ始めた頃に、「〜に従う」対象は法令に違いないと理解され、「コンプライアンス＝法令遵守」として浸透してしまったのだと思います。

コンプライアンスを法令遵守ととらえてしまうと、コンプライアンス対策を推し進めようとした場合も、「法令を確認したうえで守るためにどうしたらよいか？」という方向で考えてしまいがちです。しかし、世の中に存在するすべての法令を確認することは不可能です。現在わが国に存在する法令の数は4000以上とも言われますし、次々に新しい法令が制定されたり、従来の法令も改正されたりしていきます。そのすべてをキャッチアップすることは不可能です。

法令は、社会の倫理や道徳に基づいて、みんなが幸せに過ごすための取り決めです。そうすると、法令が制定された背景にある社会の倫理や道徳を正しくとらえたうえで、企業経営を行い、何かトラブルや問題が起きたときもそれを前提として対応する必要があります。私たちが「〜に従う」対象として意識すべきなのは具体化した法令ではなく、その法令のもとになった社会の倫理や道徳なのです。

【図5】 コンプライアンスの内容

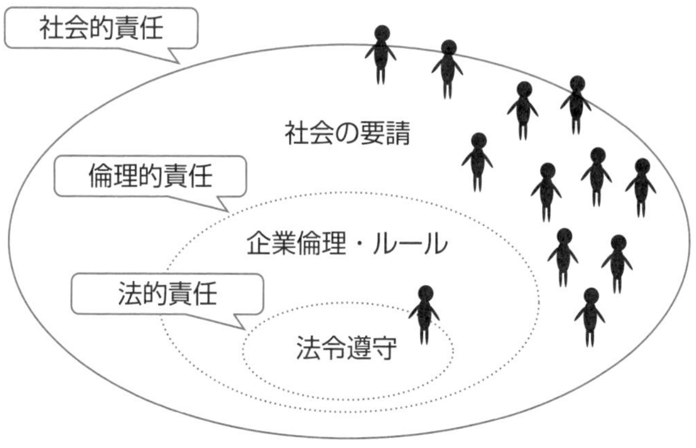

3. 社会の要請に応える３つのポイント

不祥事発生後の具体的な対応も、コンプライアンスに従って進める必要があります。不祥事発生後の対応で、社会が求める要請や水準を満たすことができなければ、企業に対する信用は失墜し、存亡の危機に直面しかねません。この場面で意識していただきたい点は、①被害者対応、②被害の拡大防止、③社会に生じている不安の除去です。以下、順に説明させていただきます。

(1)　１つ目のポイント：被害者対応

自社が製造または販売する食品に異物が混入してしまった場合や、顧客の個人情報を漏えいしてしまった場合など、被害者がいる不祥事の場合には、被害者対応を最優先に考えて行動してください。

社会の関心を集めるような不祥事が発生した場合、ときにマスコミが押し寄せてきてその対応に追われ、どうしたらよいか混乱する場面もあるかもしれませんが、そのような場合でも、被害者対応を、マスコミ対応よりも優先する必要があります。

(2)　２つ目のポイント：被害の拡大防止

今後も被害が拡大しそうな場合には、被害の拡大の防止に努めなければなりません。被害の拡大を防止するための方法は「正確な情報を提供すること」です。情報を提供する方法は、被害や不祥事の影響を受ける相手が特定できるか否かによって変わります。

被害や不祥事の影響を受ける相手が特定できる場合には、直接連絡を試みます。方法は、電話でも、メールでも、LINE でもよいのですが、より早く確実に連絡がとれる方法を考えて第一報を入れてください。

他方で、被害や不祥事の影響を受ける相手を完全に特定できない場合には、記者会見を開くなどして、広く世間によびかけることを検討してください。記者会見は難しく、大抵は上手に対応できずに、イメージ低下を招きます。そのため、できれば避けたいところですが、自身の保身を考える場面でもありませんので、とにかく世間に対して早期に第一報をいれて注意喚起することを優先しなければなりません。これに対して、「事実関係を正確に把握していない状況下で、中途半端な情報を流してしまうと、かえって混乱を招くのではないか」といった意見もあり得ますが、それは企業側の理屈にすぎません。現在判明している事実の範囲でもよいので、世間に対して、可能な限り早期に第一報を伝え、注意喚起を促す必要があります。情報の開示・公表のための記者会見のタイミングや具体的な手法については、後に第 8 章「情報の開示・公表」の項目で説明させていただきます。

(3)　3 つ目のポイント：社会に生じている不安の除去

不祥事や事故が発生したと聞いた場合に、多くの人は、「自分は大丈夫なのかな？」、「巻き込まれないかな？」と考えます。

このような不安を除去することも不祥事対応においては重要です。不安を除去するための方法は「正確な情報を公開すること」です。不祥事が発生した場合に大切なのは、社会の要請に応えることです。不祥事を発生させた主体に対して社会が何を求めるかを考える必要があります。知りたいのは、「自分にも損害が及ぶのではないか？」、「どうしてそのような事態が生じたのか？」、「被害を被った人にどのように償うのか？」といった点です。

そのため、今回の不祥事が発生した原因や経過、今後の対応等を丁寧に説明することで、不安を抱いている人々に現時点での正確な情報を提供して、現在抱えている不安を除去するように努めてください。

4. 不祥事対応の３原則

不祥事対応に関する相談で、話を聞いていると、「あれ？この人たちは重要な事柄を誤解しているのでは？」と感じる場合があります。どのような場合かというと、話の中で、「都合の悪いことは明るみに出したくない」という隠ぺい体質が見え隠れする場合です。人間は誰しも、自分に都合が悪いことや、自分に不名誉なことは明るみに出したくはないので、そのような気持を抱くこと自体は避けられません。

しかし、コンプライアンスを「社会の要請に応えること」ととらえる以上、不祥事発生後の対応においても、徹頭徹尾「社会の要請に応えるためにどうしたらよいか？」といった視点で一気通貫に考えて行動する必要があります。

隠ぺい体質のままでは、社会の要請に応えられません。不祥事対応の場面で求められる姿勢は、「①逃げない」、「②隠さない」、「③偽らない」という３つの姿勢です。これを基本原則として対応を進めなければなりません。

昔から、「①逃げない」、「②隠さない」、「③偽らない」が最善の対応だといわれてきたわけではありません。バブル経済が崩壊して世の中の規制緩和が行われ始めた2000年ごろを契機に、対応の基本方針も変わってきたといわれています。

以前はどのように対応すべきといわれていたかというと、むしろ逆の姿勢が推奨されていました。逆の姿勢というのは、不祥事が発生した場合の姿勢として、「①逃げる」、「②隠す」、「③偽る」といったスタンスを基軸においた対応が採られる場合が多かったということです。

私が弁護士登録をしたのは2002年なので、それ以前のことを弁護士としてリアルタイムで体験していたわけではありませんが、私よりも数十年前に弁護士になり、ずっと第一線で活躍されてきた年輩の先生が、「しかし、不祥事の対応も隔世の感があるなあ。私が若い頃なんて、不祥事が発生した際の企業に対するアドバイスは、極力マスコミ対応はせずに逃げる方法だったり、さすがに証拠を偽造するなんてことはあり得ないけど、極力情報開示はせずに隠し通す方法を指導していたのに、今は積極的に情報を開示するやり方を指導するようになっている」とおっしゃっていたことを覚えています。

昔は、「①逃げる」、「②隠す」、「③偽る」も容認されうる局面もあったのかもしれませんが、広く情報公開が求められる今の社会では通用しません。現在の社会では、「①逃げない」、「②隠さない」、「③偽らない」という3つの姿勢を基本原則として、個々の対応を進めていくことが求められます。以下、順に説明させていただきます。

【図6】 不祥事対応の3原則

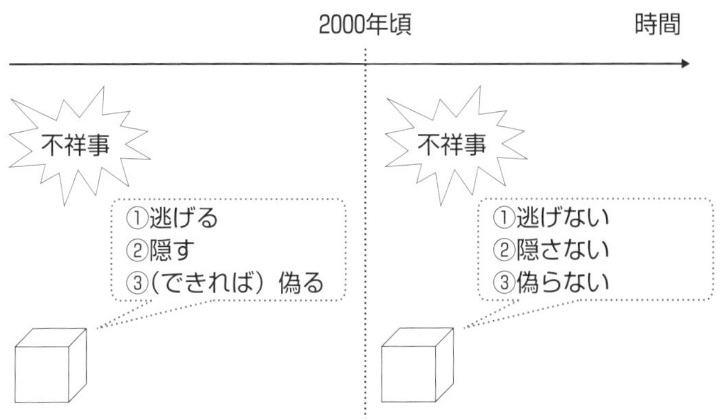

(1) 第1の原則：逃げないこと

まずは、逃げずに対応しなければなりません。特に世間の関心を集めるような不祥事の場合には、マスコミが押し寄せてくる場合もあります。そのような場面で逃げてしまうと、深追いされる可能性もありますし、深追いされなくても不正確な情報が伝えられてしまうことがあり、事態の紛糾を招きかねません。逃げるという姿勢に対しては、「逃げるということは、何か後ろめたいことがあるはずだ」という印象を世間にもたれてしまいます。そして、そのような姿勢は、多くの人の好奇心を駆り立て、かえって世間からの興味や関心を呼び込むことに繋がります。しかし、今はインターネットを通じて、誰でも大量の情報を簡単に入手することができる世の中です。このような世の中では、逃げようとしても、容易に逃げ切ることはできません。下手に逃げようとしてしまうと、かえって世間の反感を買い、炎上を招きかねません。

ひと昔前までは、極力話をしないで、殻に閉じこもり、口を閉ざす。マスコミが押し寄せてくるようなことがあっても、居留守を使う。仮にマスコミと出くわしてしまったとしても、都合の悪いことには答えずに、当たり障りのない部分だけ説明してお茶を濁す。どうしても話をしなければならなくなっても、記憶にないとか、覚えていないとか、今は答えられないとか言って帰ってもらうといった対応がまかりとおる場合もありました。このことは、だいぶ古い事件ではありますが、1976年2月に明るみになったロッキード事件で、証人になった人の証言姿勢に如実に表れていたように思います。ロッキード事件というのは、アメリカの航空機製造会社大手のロッキード社による同社の旅客機等の受注をめぐり贈収賄があったとして、田中角栄元内閣総理大臣をはじめ、多数の政治家等が逮捕された事件です。この事件の中で、衆議院予算委員会に関係者として証人喚問された証人が「記憶にございません」という答弁を乱発して、当時の流行語になりました。国会でもこのようなことが行われていましたし、民間の企業の内外でも同様のことが行われていて、この流行語はそのような当時の風潮を表わしているように思います。

⑵　第2の原則：隠さないこと

次に、必要な情報を隠さずに対応しなければなりません。いったん、情報を隠してしまうと「組織ぐるみ」と疑われてしまいますが、逆に、正確な情報を早い段階から公表できれば、その不祥事は組織ぐるみではなく正直に対応を進めようとしているとの印象を抱いてもらうことができます。

ただし、ここで注意しなければならない重要なポイントが2

つあります。

１つ目のポイントは、不正確な情報は開示すべきではないということです。【図７】（隠さないことの意味）をご覧ください。縦軸が信用維持可能性で、横軸は時間になっています。

第１段階として情報を開示するか否かの分岐点があります。ここで、正確な情報を開示できれば問題ありませんが、不正確な情報を開示してしまうと、一気に信用失墜エリアに入ってしまいます。そして、いったん、信用失墜エリアに入ってしまうと、その後、信用を回復して信用維持エリアに入るのは簡単ではありません。信用維持エリアに戻れるかどうかは、不正確な情報を開示してしまったことに対して、世間が納得してくれる理由を説明できるかどうかがポイントになります。よくある説明としては、たとえば、「慌てていて……」とか「調査が不十分で……」とか「とにかく早く説明することだけを優先してしまって……」といったものですが、世間の納得を得られるかどうかは未知数です。そのため、不正確な情報を開示するくらいであれば、その段階では情報を開示すべきではないくらいのスタンスで考えていただいたほうが望ましいかもしれません。

【図７】 隠さないことの意味

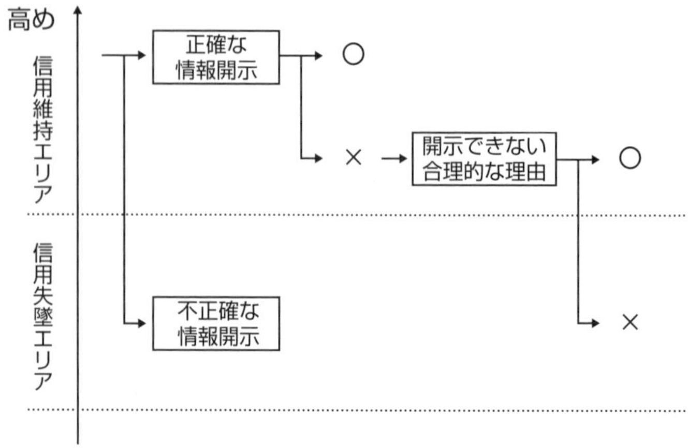

２つ目のポイントは、開示しない合理的な理由がある場合には、開示しないことも許されるということです。この点については、不祥事が発生した場合の世間に対する説明義務の範囲を規律する法律があるわけでもないので、そのときの状況に即した対応が求められます。

何か参考になるものがないかなと考えたのですが、会社の取締役が株主に対して負う説明義務に関する話が参考になると思います。

会社の取締役は株主からの委託に基づいて業務を行う一方で、株主に対して株主総会における説明義務を負担しています。具体的には、会社法314条は、「取締役、会計参与、監査役及び執行役は、株主総会において、株主から特定の事項について説明を求められた場合には、当該事項について必要な説明をしなければならない。ただし、当該事項が株主総会の目的である事項に関しないものである場合、その説明をすることにより株主の共同の利益を著しく害する場合その他正当な理由がある場合として法務省令で定める場合は、この限りでない」と規定し、これを受けて、会社法施行規則71条は以下の規定をおいています。

> ○会社法施行規則71条
>
> 法第314条に規定する法務省令で定める場合は、次に掲げる場合とする。
>
> 一　株主が説明を求めた事項について説明をするために調査をすることが必要である場合（次に掲げる場合を除く。）
>
> イ　当該株主が株主総会の日より相当の期間前に当該事項を株式会社に対して通知した場合
>
> ロ　当該事項について説明をするために必要な調査が著しく容易である場合
>
> 二　株主が説明を求めた事項について説明をすることにより株式会社その他の者（当該株主を除く。）の権利を侵害することとなる場合
>
> 三　株主が当該株主総会において実質的に同一の事項について繰り返して説明を求める場合
>
> 四　前３号に掲げる場合のほか、株主が説明を求めた事項について説明をしないことにつき正当な理由がある場合

取締役の説明義務の範囲や程度については議論がありますが、

その点を解説するのが本書の目的ではないので、この点に関する説明は省きます。

ここでお伝えしたいのは、会社法の考え方としては、取締役は株主に対して無制限に説明義務を負うわけではなく、①株主総会の目的事項に関連しない場合、②株主の共同の利益を害する場合、③その他会社法施行規則71条に定めるような正当な理由がある場合には、説明義務を負わないとされているということです。

会社の取締役は株主から委託を受けて業務を行っているのに対し、不祥事を起こした企業も社会から信頼されるからこそ存続や成長が認められる存在という点では類似していますので、会社の取締役が株主に対して負担する説明義務の範囲の考え方を参考にして対応することで、不祥事を起こした企業も、世間から一定の信用を維持することができるのではないかと考えられます。具体的には、［表2］（開示や説明ができない合理的な理由）にまとめましたので、ご確認ください。

［表２］　開示や説明ができない合理的な理由

	開示や説明ができない合理的な理由
1	調査に時間を要する場合
2	資料が手元にない場合
3	開示することで第三者の権利や利益を侵害してしまう場合
4	既に説明した事項に関する重複する質問
5	その他正当な理由がある場合

まず、不祥事を起こした企業も、ある程度調査が進まなければ、説明する材料を持ち合わせていない場合があります。説明するためにも一定の調査は不可欠です。そのため、調査中の場合には、情報の公表や説明ができなかったとしても、問題ありません。

次に、調査が終わっていたとしても、資料が手元にないと回答できない場合も多いものです。うろ覚えの不正確な情報を説明してしまうと、混乱を生じさせる可能性が高く、百害あって一利なしです。そのため、手元に資料がない場合には、「現在手元に資料がないため回答できません」と回答していただいて問題ありません。

続いて、ある情報を開示してしまうと、他社の企業秘密、名誉権、プライバシー権等、第三者の権利や利益を侵害してしまう場合もあります。そのような場合には、「その点については、取引先との契約上、守秘義務を負っている事項ですので、説明を控えさせていただきます」とか、「その点については、第三者のプライバシーにもかかわることなので、説明を控えさせていただきます」といった形で、その旨を説明することになります。

さらに、すでに説明済みの情報を何度も繰り返して説明する必要もありません。そのような場合には、「すでにご説明させていただいております」とか、「その点については、当社のホームページ上にも事情を説明させていただいているので、そちらをご確認ください」と回答していただいて問題ありません。

最後に、それ以外にも正当な理由がある場合には、説明を拒んだとしても、それが違法だとか、コンプライアンスに違反すると指摘されるいわれはありません。

不祥事を起こしたこと自体に引け目があるせいか、不祥事を起こした企業は何でも回答しなければならないかのような錯覚に陥ってしまいがちですが、説明できない合理的な理由があれば、説明できなくても問題ないということを念頭において対応してください。

(3) 第3の原則：偽らないこと

開示する情報を偽らないことも大切です。偽らないというのは、意図的に嘘の情報を開示しないということです。

身近な問題に置き換えていただくと伝わりやすいかと思います。ミスをした後に嘘の答弁をしてしまい、その後、最初の答弁が嘘だったことが発覚してしまうと、職場でも、学校でも、地域の集まりでも、どんなコミュニティでも周囲から信用されなくなります。不祥事を起こした人が、世間の信用を取り戻そうとしてふるまっているとき、あえてそれに嘘の説明を上塗りしてしまうと、誰も許してくれなくなります。あたりまえのことですが、ふだんであればあたりまえと考えていることも、いざ不祥事を発生させた当事者になると途端にできなくなってしまうのが、不祥事対応の現場の恐ろしいところです。何とか苦しい状況から逃れたい一心で、あるいは何とか誤魔化し通せるのではないかとの楽観的な見通しのもとで、虚偽の説明をしてしまう場合があります。ただ、そこで踏みとどまる必要があります。いったん、嘘をついてしまうと、そのあと、いくら弁解を重ねても信じてもらえなくなります。

嘘をついてしまうと、【図 8】（嘘をついた場合の影響）のように、信用失墜エリアを通り越して、一気に信用回復不可能エリアに落ちていきます。また、何とか誤魔化し通せるのではないかという楽観的な見通しも捨てなければなりません。嘘は必ずばれますし、誤魔化しも通用しません。不祥事を起こしたときの信用回復の手法は嘘や誤魔化しによる対応ではなく、正直な対応しかないと肝に銘じて対応してください。

【図 8】 嘘をついた場合の影響

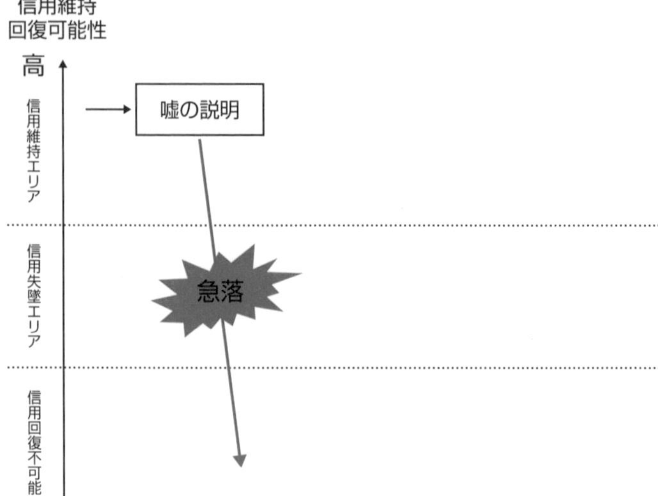

⑷ 実際のレベル感は他社事例を参考にすること

①逃げない、②隠さない、③偽らないという不祥事対応の 3 原則ですが、実際に、何をどのようなレベルで、どこまで対応していくべきかというのは悩ましい問題です。特に、世間に向けて新聞や WEB で事実経緯を報告しなければならないような類の不祥事の場合には、さらに悩ましい状況に直面します。

そのようなときに参考になるのは、他社の事例です。日頃から不祥事関連の対応についてのプレスリリースや新聞記事をストックしておくのがおすすめですが、法務部や総務部が整っている会社であれば別ですが、現実的にはなかなかそこまで力を割くことができないことも多いと思います。

ただ、今は便利な世の中なので、「企業、不祥事、記者会見」

といったように検索ワードを工夫して検索すれば、インターネットである程度その種の記事に接することができます。そのため、急場の対応が必要な場合には、そのようにして参考になる記事を探すという方法もあります。例をあげて説明させていただきます。

たとえば、[表３]（神戸製鋼所一問一答）は、インターネット上で公開されている2017年10月８日の日本経済新聞の記事の抜粋です。この記事は「神戸製鋼副社長　『改ざん、10年近く前から』　一問一答　管理職も把握、組織ぐるみ認める」という衝撃的な見出しのもとで、同社の副社長が同日に開いた記者会見の答弁の様子を公表するものです。着目していただきたいのは、回答内容の明快さです。

たとえば、「組織ぐるみという認識か」という質問に対して、「はい」と明確に回答していたり、「改ざんは１年前からか？」という質問に対して、「それ以前から改ざんがあったことも確認されている」と質問が要求しているよりも一歩先のレベルの事象を認めていたり、経営責任も正面から認めたりしています。

昔だったらもっと違った対応になったかとも思いますが、昨今の、①逃げない、②隠さない、③偽らないといった原則をしっかりと踏まえた対応だと思います。これくらい潔く正面から対応していかなければ、不祥事発生時の信用回復措置は功を奏しないことを物語る一例として参考になるので、紹介させていただきました。

［表３］　神戸製鋼所の質疑応答

——問題の発覚の経緯は。
「８月末に現場の管理職からアルミ部門の幹部に報告があり、８月30日に社長含め経営陣に報告があった。実際に手を下したり黙認したりしていた現場社員は管理職を含めて過去１年間で数十人にのぼる。工場長が関わっていたかは確認中だ」
——組織ぐるみという認識か。
「はい」
——問題の把握から公表まで時間がかかった。
「把握してから即座に不適合品の出荷を止め、（第三者を含む）調査委員会を立ち上げた。グループ内の他の事業部門の監査や出荷先の製品への影響の検証や説明を優先していた」
——昨年もグループ会社で日本工業規格（JIS）に違反する改ざんが発覚したばかりだ。
「法的規格に関する監査は厳しくやってきたつもりだった。今回は民間の顧客に求められた仕様を逸脱した製品を範囲内であるかのように装って出荷していた。民間企業同士の取引で契約順守の意識が低かった」
——改ざんは１年前からか。
「それ以前から改ざんがあったことも確認されている。何年さかのぼるかは顧客の要望に応じて調査している」
——どれくらい前から常態化していたのか。
「ものによってはかなり古い時期からあったと分かっている」
——かなり古くからというのは10年近く前か。

「はい」
――経営責任は。
「事実の調査、再発防止を進めようとしている。その過程では経営陣の責任も考えている」

※2017年10月8日「日本経済新聞」記事から引用

5. 判断の優先順位を間違わないこと

会社や誰かに迷惑をかけてやろうとして行われる計画的な犯行は別として、それ以外の不祥事は、ある日突然発覚します。そして、その分野を専門に対応している弁護士やコンサルタントといった専門家は別として、ほとんどの人は不祥事対応を日々の業務としているわけではないので、経験が乏しく、不慣れなままで対応を強いられることになります。

被害者がいるような不祥事であれば、被害者対応を進めなければならないし、世間の関心を呼び込むような不祥事であれば、マスコミ対応もしなければならないし、許認可が絡むような業種の不祥事であれば、監督官庁への説明もしなければならないといったように、同時並行的に多方面での対応を強いられることになります。そうすると、「何から手をつけて、どこを、どう対応すべきか……」と困惑してしまい、悪気はなくても、結果として、世間が求めているのとは違った対応をしてしまい、信頼失墜のスピードを加速させる事態を招く場合があります。

どうしてこのような事態に陥ってしまうかというと、明確な判断の優先順位を持ち合わせていないからです。

判断に迷ったとして、判断しなければならず、かつ対応も迅速に行わなければならないとされる状況下で、あらかじめ適切な判断基準を持ち合わせてなければ、適切な判断と対応は不可能です。基準に偏らずに対応してしまうと、今回の判断については、たまたま選択がうまくいったとしても、次の選択についてもうまくいくとは限りません。不祥事対応の場面で、特に意識していただきたい2つの判断基準を紹介させていただきます。

⑴　１つ目の基準（生命＞身体＞自由＞名誉＞財産）

１つ目の基準は「生命＞身体＞自由＞名誉＞財産」です。この基準は、生命が最優先で、次に身体で、その後、自由、名誉と続き、最後にあるのが財産ということです。世間は、人の命や人の身体を蔑ろにして、自社の利益の追求をめざすような会社に対して強い反感を抱きます。財産が人の生命や身体よりも優先することはあってはいけないことなのです。

この基準は何を参考にしたかというと、法律の規定です。人を脅したら脅迫罪（刑法222条１項）にあたります。そして刑法222条１項は、「生命、身体、自由、名誉又は財産に対し害を加える旨を告知して人を脅迫した者は、２年以下の懲役又は30万円以下の罰金に処する」と規定しています。この文言からも明らかなように、「生命、身体、自由、名誉又は財産」という順番で並べています。厳密に考えれば、「又は」とあるので、並列で同格という考え方もあるかもしれませんが、そうすると生命と財産が同格となってしまい、不合理です。そのため、【図９】（物事の優先順位を確認する①）のような序列で理解するとしっくりきます。

【図９】 物事の優先順位を確認する①

生命＞身体＞自由＞名誉＞財産

法律は、世の中の道徳や倫理観に基づき、民主主義の過程を経て制定されたルールです。そのため、「生命、身体、自由、名誉または財産」といった記載の序列も、世の中の道徳や倫理観の現れと理解することができます。

個人的には、「いや！　俺は名誉よりも金だ。財産を優先する」という価値観をもっている人もいるかもしれません。どのような価値観をもつかは人それぞれなので、他人に迷惑をかけない限りは否定されることはありません。ただ、いざ不祥事を起こした場面では、世間からの信用を維持できるかどうかが問題になりますので、世間で支持される価値観を基軸にしないと適切な対応はできません。

⑵　２つ目の基準（利他的＞自己中）

２つ目の基準は、「利他的＞自己中」というものです。自分や自分の組織のことよりも、他人や他人の組織のことを優先して考えるべきということです。

人は自分１人で生きているわけではありません。社会が機能しているからこそ、健康で文化的な生活をおくることができます。他人があっての自分です。社会があっての自分です。社会は、他人のことを顧みずに自分のことばかりを考えて行動する人をよしとは考えません。このような考え方は憲法にも現れています。すなわち、憲法13条は、「すべて国民は、個人として尊重される。生命、自由及び幸福追求に対する国民の権利については、公共の福祉に反しない限り、立法その他の国政のうえで、最大の尊重を必要とする」と規定しています。それぞれの個人はみんな幸せに生きる権利をもっていて、自分の人生の中で、自分のやりたいことを実現して（＝自己実現）、自分の生きたいように生きることができる（＝自己統治）と考えられています。

憲法上、誰しも１人ひとりに、それぞれが幸せに生きる権利が認められているということです。ただ、そうはいってもその権利は無制限に保障されているものではありません。無制限に保障されるのであれば、人を殺しても、他人の物を盗んでも、何をしても自由ということになりかねませんが、さすがにそこまでは許されません。あくまで一定の制約を伴って保障されているにすぎないのです。どのような制約があるかというと、憲法13条に書いてあります。「公共の福祉に反しない限り」と記載されている部分です。公共の福祉というのは日常生活の中で使う表現ではないかもしれませんが、世間の倫理観・モラル・他の人の権利を害したりしない限りといった意味合いに理解していただくとわかりやすいと思います。他人に迷惑をかけない限り、その範囲内において自由ということです。

【図10】　物事の優先順位を確認する②

利他的　＞　自己中

この点を理解するのに参考になる事例があるので、紹介させ

ていただきます。

2019年12月に中国の武漢で発症が確認された新型コロナウイルス感染症は、瞬く間に全世界に拡大していきました。日本でも2020年４月７日に政府から緊急事態宣言が発出され、世間の様相も大きく変わってしまいましたが、そのような状況下で起きた出来事です。新型コロナウイルス感染症の疑いが生じたときに対照的な行動をとり、世間からの評価の明暗が分かれた２人のタレントがいました。１人目は石田純一さんで、もう１人はミッツ・マングローブさんです。

どのような話かといいますと、石田さんは、2020年４月７日に政府から緊急事態宣言が発出されて外出自粛が要請されている状況下で、2020年４月10日に仕事のために都内から沖縄県に出張しました。出張の目的は、2017年から経営している那覇市内の韓国料理店で新型コロナウイルス感染症の対応を検討するためだったとのことです。ところが、翌11日、石田さんは、仕事関係者の方とゴルフをした際に倦怠感をおぼえ、12日はホテルで休息し、13日には東京へ戻りました。14日には肺炎の傾向がみられたため入院し、15日にPCR検査を受けて陽性と診断されました。その後、石田さんは５月12日に病院を無事に退院することができましたが、この一連の行動をめぐって世間からは、「もうメディアには出ないで」、「感染したことは仕方ないが、自粛が求められる時期にあちこち出向いたことはやっぱり許されない」等の批判の声が集まりました。緊急事態宣言が発出されている最中に交通機関を利用して沖縄と東京を往復したり、ゴルフをしたりしているときに体調不良を感じたことや、結果としてホテルも２週間の営業自粛を余儀なくされるといった事態に、自己中心的で軽薄であると非難されても仕方がないような行動に、世間の批判が集まりました。沖縄県民からは、自分たちが外出を自粛するなか、石田さんが外部からコロナウイルスを持ち込んできたと怨嗟の声も噴出しました。

他方で、ミッツ・マングローブさんの行動は、石田さんとは対照的でした。ミッツ・マングローブさんが体調に異変を感じたのは、石田さんが沖縄に出張したのと同じ2020年４月10日のことでした。体調に異変を感じたミッツ・マングローブさんは外出せずに自宅待機を続け、同月27日にようやくかかりつけの病院で感染症内科の診察を受けられたとのことです。そこで医師からは「早急な治療を必要とする炎症などはない」と診断されたそうですが、それでも、ミッツ・マングローブさんは自分自身が新型コロナウイルス感染症に罹患している可能性があることを前提として行動しました。具体的には、診察した医師の「発熱などの症状がコロナ関連か否かの判断はつけられない。仮にこれがコロナによるものだとしても、経過は良好であり今後急激に症状が悪化する確率は低い」といった判断を受け、ミッツ・マングローブさんは、新型コロナウイルス感染症に罹患している可能性があると想定して、「最低でも５月10日までは自宅隔離を続けることが万全かつ賢明だと判断します」とコメントし、活動を自粛しました。ミッツ・マングローブさんの行動に対しては世間から、「これからこういう症状が出た人にとっての道しるべの１つになりそうですね」といった称賛の声が寄せられました。そしてそのまま、５月７日には医師から電話問診を受け問題がなさそうとのことで、40日ぶりに近所を歩き、その様子を Instagrum を通じて報告して、一連の対応が好感をもって世間から受け止められました。

石田さんと、ミッツ・マングローブさんの対応の違いは明白です。石田さんの行動は自己中心的で利己的と世間から受け止められても仕方ないものでした。他方で、ミッツ・マングローブさんの行動は、ご自身がInstagrumで、「『感染者数』は、あくまで『検査で陽性が判明した数』であって、世の中にはその何倍もしくは何十倍もの感染者が存在しているだろう……という想像力は、すでに多くの人が持ち合わせていると思います。しかし『そこに自分も含まれている』と想像できている人が、はたしてどれだけいるか、『まさか自分が』ではなく、『もはや自分も』というスタンスと心構えで、引き続き慎重かつ冷静に過ごしていきましょう」という言葉に表れているとおり、自分を犠牲にして他人を思いやる、利他の気持に基づくものと受け止められるものでした。

この事例は、まさに世間は、自己中な行動を否定し、利他的な行動を肯定することを物語っています。

不祥事が発生して判断に迷う場面では、どうしても自分たちを守ることに意識が集中しがちですが、そのようなときこそ「利他的＞自己中」の基準を思い出してください。自分たちの保身に走ろうとする気持を思い留め、一度視野を広げて、本当に世間から求められる対応を考え直す必要があります。自分たちも社会の一員であり、社会に生かされている存在です。社会に迷惑をかけないように行動しなければならないし、社会に迷惑をかけたのであれば、それを償わなければなりません。そうしなければ、世間から信頼を得て、それを維持していくことはできませんし、ましてや不祥事が発生した場面で、世間から失われかけている信頼を回復していくことはできません。

6. 信用性の評価基準を意識すること

不祥事が発生した場合の謝罪対応は、世間から失われかけている信頼を回復するためのプロセスです。この謝罪対応の過程でさまざまな事情を説明しなければなりませんが、その際に意識すべき点があります。１つはすでに説明したように、逃げずに、隠さずに、偽らずに真摯に対応し、説明することですが、もう１つ重要な課題があります。それは、説明後に、説明内容を信じてもらわなければならないということです。どんなに真摯に、かつ熱心に説明したとしても、相手が聞く耳をもってくれなかったり、信じてくれなかったりすると、信頼を回復することはできません。特に不祥事を起こした企業は、ただでさえ不信感を抱かれ、疑われている状況にあるため、いくら一生懸命「信頼してください」と声高に叫んだとしても、相手の信頼を得ることはできません。

弁護士の仕事をしていると実感しますが、世の中には同じことを説明したとしても、信用してもらえる場合と、信用してもらえない場合があります。

弁護士の仕事の中には、供述の信用性を吟味しなければならない場面がたくさんあります。たとえば、自分の相談者や依頼者から事情を聴き取る場面、相手の主張や言い分を聞く場面、裁判の中の当事者尋問や証人尋問の場面、供述の信用性に関する意見書を書いたり、尋問結果を踏まえて供述の信用性を評価する準備書面を書いたりする場合もそうです。

この中でも、供述の信用性を特に強く意識しながら対応しなければならないのは、当事者や証人の尋問手続です。尋問手続は、裁判を舞台にしたドラマや映画で描かれる場合が多いので、イメージも沸きやすいのではないかと思いますが、弁護士や裁判官が法廷の証人席に座った人に対してさまざまな角度から質問し、その質問に対して証言してもらうという、あの場面です。そしてそこで発せられた質問と回答のやりとりは尋問調書に記録されて、裁判官が判決をする際にその内容を斟酌することになります。法廷での証言などを、契約書や請求書のように紙で提出される証拠（＝書証）と区別して、供述証拠といいますが、この供述証拠がいかに信用できるものかを補足して説明したり、逆に相手に有利な供述証拠を信用できないものだと弾劾したりすることも弁護士の業務としては重要な位置づけをもっています。法廷訴訟活動を営む弁護士にとっては、供述の信用性を検討し、評価したうえで自分の依頼者の有利な論を展開できるか否かが腕の見せ所の１つといっても過言ではありません。

そして、供述の信用性を検討したり、評価したりする際に用いる基準があります。法律で「供述の信用性はこのような基準で判断してください」と定められているわけではありませんので、判断基準は弁護士や裁判官ごとにさまざまではありますが、ある程度似通った基準を用いているのが実情です。本書では、私が用いている基準を紹介させていただきますが、不祥事を起こした企業が説明して、その内容を信用してもらうためにもぜひ参考にすべき指針になると思います。大きく、供述者が信用に足りる人物かという点と、供述者が信用に足る人物だったとして供述内容は信用してよいものかといった点がありますので、順に紹介させていただきます。

⑴　信用性の評価基準①（説明者について）

まずは、説明者についてです。どのような立場の人が、どのような状態で、どのような雰囲気のもとで話をしているかは供述内容の信用性を検討する際の要素になります。［表４］（説明者のチェック項目）をご覧ください。以下、個別に説明させていただきます。

［表４］　説明者のチェック項目

	説明者に関する項目
1	経歴・年齢・立場・役職
2	党派性・利害関係の有無
3	虚偽の説明をする動機の有無
4	説明時の精神状態
5	対象となる出来事から説明するまでの時間的間隔
6	対象となる出来事のインパクト
7	その他

①　経歴・年齢・立場・役職

説明者の経歴・年齢・立場・役職に応じて、信用性の高低が変わります。たとえば、製品事故の場合には、営業担当の人から技術的な点について説明されても、「本当にそうなの？」と疑問をもたれてしまうかもしれませんが、同じ内容であっても長年勤めあげた技術者の人から説明されると、「なるほど、そういうことなのか」という納得が得られやすいかもしれません。また、年齢の若い会社の新入社員や役位が下の人が話をしたとしても受け入れられないことも、年齢の高いベテラン社員や役位が上の人が話をしたほうが受け入れられる場合もあります。

② 党派性・利害関係の有無

説明者の党派性や利害関係の有無も、信用性に影響を及ぼします。党派性というのは、主義や主張が特定の思想等に偏っていることを意味します。不祥事を起こした社内の人の発言は、どうしても、「自分たちのことを守ろうとしているでしょ？」という偏った受け止められ方しかされません。これに対して、利害関係のない第三者の説明は、公平性が感じられ、偏見なしに受け入れてもらうことが可能になります。

新聞やテレビ等の報道で目にすることがあると思いますが、企業や団体が不祥事を起こした際に第三者委員会が設置されて調査をする場合があります。第三者委員会は、不祥事を起こした企業が必ず設置しなければならないものではありません。不祥事を起こした企業が、その企業から独立した立場の第三者に不祥事が発生した事実経緯や原因等を調査し、報告してもらうことで、世間からの信頼回復につなげるべく、企業の判断で設置されるものです。社内で調査して、「社内で調査した結果、Aでした」と公表するよりも、企業から独立した立場で利害関係のない専門家で構成される第三者委員会が調査して、「第三者委員会で調査した結果、Aでした」と公表できたほうが、信用性が増すからです。

③ 虚偽の説明をする動機の有無

説明者が、どのような動機で話をしているかも大切です。たとえば、不祥事を起こした企業とは関係なさそうにみえる第三者の発言であっても、裏でその企業から利益を得ていたり、または当該企業にとって有利な発言をすると得したりしそうな人

アンケートご協力のお願い

FAX QRコードもしくはFAXにてご回答ください。
03-5798-7258

購入した書籍名	弁護士に学ぶ！ **企業不祥事・謝罪対応のゴールデンルール**

●弊社のホームページをご覧になったことはありますか。

・よく見る　・ときどき見る　・ほとんど見ない　・見たことがない

●本書をどのようにご購入されましたか。

・書店（書店名　　　　）　・直接弊社から

・Amazon　・ネット書店（書店名　　　　）

・贈呈　・その他（　　　　）

●本書の満足度をお聞かせください。

（・非常に良い　・良い　・普通　・悪い　・非常に悪い）

は、虚偽の説明をする動機があるので信用してもらえません。他方で、企業から独立した立場の第三者からの説明で、虚偽の動機をする可能性がなさそうな人物の説明であれば、信用性が増します。

④　説明時の精神状態

説明者が、どのような精神状態で説明しているかも重要な要素です。不祥事発生直後の当事者の発言は、精神的な動揺も非常に大きい中で発せられることが多いので、情報が正確に伝わらない場合があります。また、説明者が、記者から不意打ち取材を受けて、とっさに発してしまった一言は不正確な場合が多いと思います。他方で、落ち着いた状況下で冷静に語られた説明は、心理的な動揺が少ないため、信用し得る場合が多いと思います。

⑤　対象となる出来事から供述するまでの時間的間隔

説明者がどのようなタイミングで説明したかも大切です。不祥事のもととなった出来事から時間的に近接した時期に語られた発言は、記憶も新鮮なまま保存されているので、信用性が高いと考えられます。他方で、不祥事のもととなった出来事から大分時間が経った後に語られた発言は、記憶も曖昧になっており、信用性は乏しいと考えられます。

⑥　対象となる出来事のインパクト

説明者にとって、対象となる出来事がどれくらい印象的な出来事だったかという点も、重要です。非日常的な稀な出来事であれば、通常、強くかつ鮮明な印象のまま記憶に保存されると考えられます。他方で、日常的なありふれた出来事であれば、それほど強く鮮明な印象が記憶に残らないと考えられます。

⑦　その他

以上の他にも、説明者の人柄、髪型、服装、表情、声色、言葉遣いなど、さまざまな要素も加味されて信用性が吟味されていきます。

(2) 信用性の評価基準②（説明内容について）

次に、説明内容についてです。[表5]（説明内容のチェック項目）をご覧ください。説明内容の信用性を確認、検討する際に、どのような要素を重視すべきかをまとめたものです。説明内容に関する信用性の評価基準について、個別に説明させていただきます。

[表5] 説明内容のチェック項目

	説明内容に関する項目
1	他の証拠資料の内容と矛盾なく整合していること
2	写実性・具体性・迫真性があること
3	説明内容に不自然性・不合理性がないこと
4	説明内容に一貫性があり変遷がないこと
5	説明者しか知らない表現が含まれていること
6	説明者に不利になり得る点も含まれていること

① 他の証拠資料の内容と矛盾なく整合していること

手元にある他の証拠資料から読み取れる事実と、説明内容が合致している場合には、信用性が高いと判断されます。他の証拠資料というのは、契約書や請求書やメールなどの客観的な証拠もあれば、証言などの主観的な証拠も含みますし、出来事の事実経緯からうかがい知れる状況証拠といったものも含みます。

逆に、説明内容が手元にある他の証拠資料と矛盾している場合には、信用性は低いと判断されます。

② 写実性・具体性・迫真性があること

自ら体験した事柄であれば、詳細まで写実的に、具体的に、かつ迫真性をもった表現ができるはずです。そのため、説明内容に写実性・具体性・迫真性がある場合には信用性が高いと判断されます。逆に、説明内容が象徴的だったり、抽象的で細部まで語られていなかったり、何となく曖昧だったり、ぼんやりとした内容にとどまっていると、信用性が低いと判断されます。

③ 説明内容に不自然性・不合理性がないこと

説明内容に不自然な点や、不合理な点がない場合には、信用性が高いと判断されます。逆に、説明内容に不自然で、不合理な点がある場合には、信用性が低いと判断されます。説明内容に関して、聞き手から、「え？ 本当？」、「うそでしょ？」、「そんなはずはないでしょ？」といった印象を抱かれてしまうと、聞き手の信用を取り戻すことが難しくなるので、意識的に不自然な点や、不合理な点はないかを確認する必要があります。

④ 説明内容に一貫性があり変遷がないこと

当初から、説明者が体験した事実だけを話している場合には、話の内容は一貫していて、変遷が生じることはないはずです。なぜなら、説明者が体験した事実は、2つも、3つもあるものではなく、1つしか存在しないからです。そのため、説明内容に一貫性があり、変遷がない場合には、信用性が高いと判断されます。もっとも、変遷が生じてしまったら、一発アウトでもう手遅れかというと、そうではありません。「よく思い返したら○○だった」とか、「他の証拠と照らし合わせて思い出してみると○○だった」といったことは、誰にでもあることだからです。そのため、仮に説明内容の変遷が生じたとしても、変遷が生じたことについて、合理的な説明ができれば信用維持は可能と考え、誠意をもって説明を尽くすことが必要です。

⑤　その他

以上に加えて、秘密の暴露といって、説明内容にその人しか知り得ない事柄が含まれていると説明内容の信用性は高いと考えられます。これは、その人しか知らない秘密をあえて説明している以上は、他の部分も真実を語っていると考えられるからです。また、自白といって、説明内容にその人に不利になり得ることが含まれていると、その説明内容は信用に足るものとして受け入れられやすくなります。自分に不利になる事柄なのに、あえてそれを積極的に語っているということは、他の説明内容も信用することができると受け止められるからです。

7. ふさわしい心がけのチェックリスト

不祥事対応を進めるに際し、ふさわしい心がけをもって臨んでいるかも大切な確認事項です。ふさわしい心がけで対応しなければ、適切な対応はできません。ただ、いつもは普通にできることも、途端にできなくなってしまうのが、不祥事対応の難しさです。そのため、不祥事対応を進めるに先立ち確認してほしいチェックリストをつくりました。[表6]（心がけのチェックリスト）の内容です。

[表6]　心がけのチェックリスト

	ふさわしくない心がけ	ふさわしい心がけ
1	ばれなければ ok	必ずばれる
2	大したことはない	大事になる
3	他もやっている	他は関係ない
4	○○のせい	自分のせい
5	きっと凌げる	かなりのピンチ
6	何とか逃げよう	正面から対応する
7	何とか隠そう	隠せない
8	何とかごまかそう	ごまかせない
9	自分のために	他人のために

世間が注目する不祥事が発生した場合、世間の目が一気にその企業に向かいます。最初は、「自分も巻き込まれていないかな？」、「自分に関係ないかな？」、「自分は大丈夫かな？」と自

分事として受け止め、自分は関係なさそうだとわかった後に、今度は、「自分は無関係だけど自分も被害者になっていたかもしれないな。被害者の方も気の毒だな」という感情が芽生え、興味が深まっていきます。

世間の興味が深まってくると、世間も、「この会社はどういう会社で、どうして今回の不祥事を起こしたのかな？」、「この会社はどのように対応するのだろうか？」と企業の対応姿勢を注視するようになります。

とりわけ、マスコミが押し寄せるような内容の不祥事では、記者会見の仕方、謝罪の仕方やタイミング、記者会見での服装、表情、しぐさ等の細かなことまで、企業の本質や体質を見抜くために観察されることになります。

不祥事が発生した場合に、そこから慌てて化粧しても間に合いません。世間の目はいろいろな角度から本質を見抜こうとしてその企業に向けられますので、必ずメッキは剥がれると考えて行動する必要があります。不祥事対応を進めるに際しても、肝になる心がけを誤解することなく、対応できるかどうかが試されることになります。

そのためには、日ごろから不祥事が発生した場合であっても耐えられる企業風土を醸成していく必要があります。方法はさまざまですが、たとえば、道徳の教科書の読み合わせをしたりすることも効果的です。[表 7]（教育勅語の12の徳目）をご覧ください。教育勅語は、1890年に発布された近代日本における教育の基本方針となった明治天皇による勅語で、1948年には廃止されています。教育勅語に関する歴史的評価や好き嫌いは措くとしても、内容については、多くの日本人にとっては、「そうだよな。そのとおりだよな」と首肯できるものだと思います。

多くの日本人はここに書かれているような道徳観や倫理観のもとに生活しているので、一読したうえで、対応を進めるとよいと思います。不祥事対応は、世間から失われた信用回復に向けたプログラムです。そのためには、世間が共感をもってくれるだろう言動やふるまいを今一度確認したうえで対応を進めていく必要があるのです。

［表７］　教育勅語の12の徳目

1　孝　　行
子は親に孝養をつくしましょう。
2　友　　愛
兄弟、姉妹は仲よくしましょう。
3　夫婦の和
夫婦はいつも仲むつまじくしましょう。
4　朋友の信
友だちはお互いに信じ合ってつきあいましょう。
5　謙　　遜
自分の言動をつつしみましょう。
6　博　　愛
広くすべての人に愛の手をさしのべましょう。
7　修学習業
勉学にはげみ職業を身につけましょう。
8　智能啓発
智徳を養い才能を伸ばしましょう。
9　徳器成就
人格の向上につとめましょう。
10　公益世務

広く世の人々や社会のためになる仕事にはげみましょう。

11　遵　　法

法律や規則を守り社会の秩序に従いましょう。

12　義　　勇

適切な勇気をもって国のために真心をつくしましょう。

8. ステークホルダーとフレームワークの確認

具体的な謝罪対応を進める前に確認しておきたい事柄があります。それは、ステークホルダーと全体のフレームワークです。

ステークホルダーというのは、企業などの組織が活動を続けることで、影響を受ける人や会社などの利害関係者のことです。被害者がいる不祥事の場合には、どうしても目の前の被害者対応だけを優先してしまいがちです。ただ、ほかにも被害者となりうる被害者予備軍の人がいたり、仮に被害者予備軍がいなかったとしても世間の関心を呼び込むような種類の不祥事だったりする場合には、他にも適切に対応しなければならない利害関係者がいるはずです。それにもかかわらず被害者対応だけに専念してしまい、他のステークホルダーを無視し、または軽視して対応を進めるのは危険です。他のステークホルダーへの対応が後手に回り、思わぬタイミングで世間からの信用失墜を招く可能性があるからです。そのような意味で、具体的な謝罪対応を進めるに先立ち、不祥事に関係するステークホルダーは誰かを網羅的に確認しておく必要があります。

具体的な作業手順としては、想定できるステークホルダーを列挙して、それぞれのステークホルダーに対して今回の不祥事が与える影響を考え、具体的にどのような対応をすべきかを考えていきます。どのようなステークホルダーがいるかは、その企業ごとに違いますが、【図11】（企業を取り巻くステークホルダー）のような形で、株式会社の場合、株主等の出資者、役員や従業員、取引先、お客様、金融機関、行政機関、地域社会等と利害関係を有する人を思い浮かべていき、つど、列記し、【図

11】（企業を取り巻くステークホルダー）のようにまとめていきます。ステークホルダーをどうとらえるかについて法律で決まりがあるわけではありませんので、この図に記載している以外にも、将来世代とか、NPO・NGO とか、町内会とか、○○業界とか、企業の事業活動によって影響を受ける人や会社なども含まれてきますので、自社を取り巻く関係者を整理して、作成してください。

また、影響には、利益や損失だけではなく、たとえば、評価や評判も含めて考える必要があります。不祥事が発生した場面で列記するのではなく、できれば平常時から自社の事業活動の利害関係者を列記して確認しておくようにしてください。そうすれば、いざ不祥事が発生した場合に一から列挙していく手間が省けます。

【図11】 企業を取り巻くステークホルダー

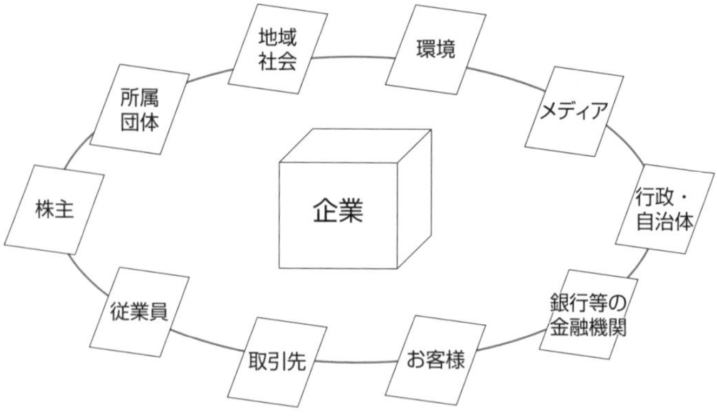

ステークホルダーごとに必要な対応は異なってきますが、ステークホルダーを列挙した次に行うことは、全体のフレームワ

ークを考えることです。

不祥事対応は、ほとんどの企業にとって日々経験している事柄ではありません。そのため、突然、不祥事に直面して、慌てて頭が真っ白になり、途方に暮れます。そして、一息ついた後に、「被害者にすぐに謝罪すべきなのか？」、「すぐに謝罪して大丈夫なのか？」、「事実を公表するほうが先なのか？」、「そもそも不祥事の原因を調査しなければならないのではないか？」、「原因を明らかにしたうえで被害者の対応をすべきではないか？」といった疑問が次々に沸いてきます。

ここで避けていただきたいのは、思いついた順に手あたり次第、場あたり的な対応を進めることです。場あたり的な対応をしてしまうと、不祥事で生まれた世間からの不信の輪が拡大していきます。この段階で行うのは全体のフレームワークの確認です。ここから先に、具体的に何をどのように進めていくかの大枠を確認することです。不祥事が発生した場合の対応については、時間軸に沿った一定のフレームワークがありますので、そのフレームワークに沿って対応を進めていくべきです。フレームワークに沿って対応を進めることで、検討漏れや対応漏れが防げます。

具体的には、【図12】（不祥事対応のフレームワーク）をご覧ください。「①初期対応⇒②原因究明⇒③対応策の検討と実施⇒④再発防止策の策定と実施」という流れに沿って、具体的な対応を進めていくのです。それぞれの具体的な中身については、第４章以降で、順に説明させていただきます。

【図12】 不祥事対応のフレームワーク

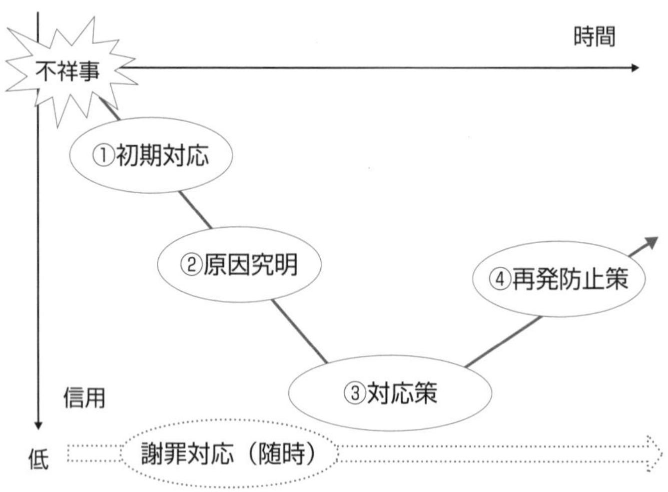

9. 個別対応できる場合とできない場合

ステークホルダーと全体のフレームワークを確認した後に行うべき、もう１つ大事なことがあります。それは、不祥事の見極めとそれに応じた対応方法の選択です。不祥事の内容によって謝罪対応の方法も変わってきます。

どのような視点から不祥事を見極めるかというと、対象となる不祥事が個別対応できる不祥事か否かという視点です。最初にこの視点で見極めができないと、その後に適切な対応を進めることができなくなります。個別対応ができる不祥事か否かによって、その後の対応の仕方が全く変わってきます。

どのような業種でも起こりうる個人情報漏えい事例で説明させていただきます。【図13】（不祥事の相手が特定少数の場合の対応）をご覧ください。株式会社Ａが、顧客Ｂの氏名・住所・生年月日・年齢・口座情報・購入履歴等の個人情報の提供を受けて保管していたところ、メールの誤送信で取引先担当者Ｃに送信してしまったというケースです。この場合には、顧客Ｂに対して、誤送信してしまったことや、誤送信してしまった後に取引先担当者Ｃにも連絡をしてメールの内容を見ずに削除してもらっていること等を伝えて謝罪し、顧客Ｂが許してくれれば、それで一応は解決できることになります。このような対応で解決できるのは、不祥事の相手が特定されており、かつ少数だからです。ここで、どれくらいの人数だったら「少数」と考えることができるかが問題になりますが、実際に株式会社Ａに、どの程度の対応力があるかによって変わってきます。不祥事が発生した場合には、個別対応で解決できるのが望ましいので、可能な限り個別対応を進めてください。個別対応のほうがステークホルダーや世間に与える影響が少なくて済むからです。

【図13】 不祥事の相手が特定少数の場合の対応

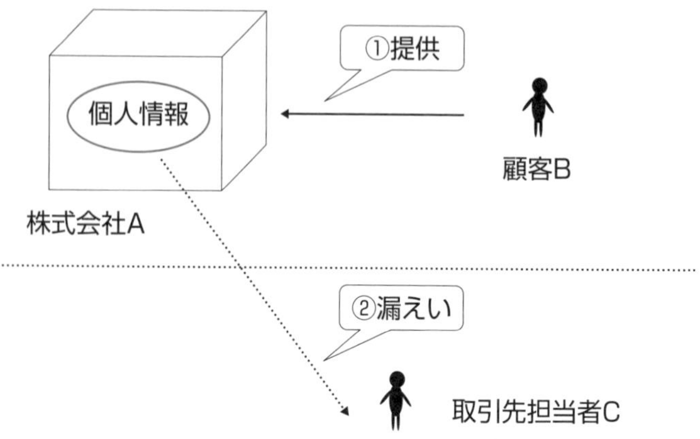

次に、【図14】（不祥事の相手が特定少数以外の場合の対応）をご覧ください。顧客 B の個人情報が漏えいしたのは確実だとしても、どの範囲の顧客情報が漏えいしたかはわからず、その時点では漏えい先も不明な場合です。直接謝罪対応を行うことが困難で、かつ漏えいにより生じるリスクを広く世間に伝える必要があるので、記者会見等を通じて世間一般に対して謝罪と現況の報告等を進めていかざるを得なくなります。このカテゴリは、相手を特定できない場合のほか、特定できるけどかなり数が多い場合も含まれます。どちらの場合も、個別対応での解決が難しいので、集団的対応をせざるを得なくなります。

【図14】 不祥事の相手が特定少数以外の場合の対応

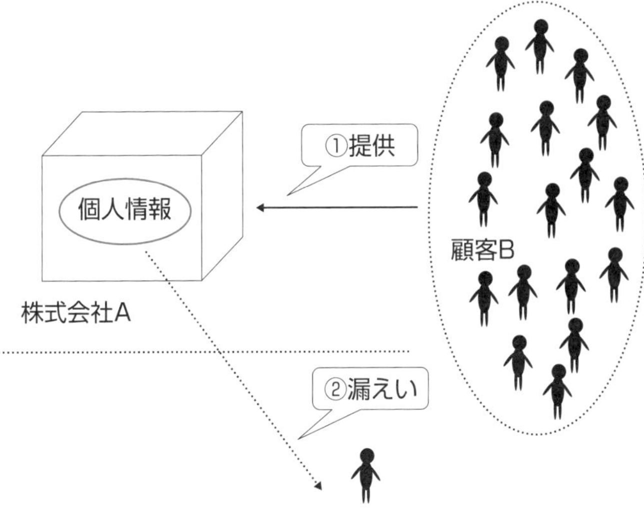

具体的な対応の違いを［表８］（見極めた不祥事ごとの対応）にまとめましたので、ご覧ください。

［表8］ 見極めた不祥事ごとの対応

	項目	カテゴリ1	カテゴリ2
1	状況	個別対応が可能な場合	個別対応が困難な場合
2	謝罪対応	個別謝罪	プレスリリース・記者会見・可能な範囲での個別謝罪
3	重要な観点	法律的観点	法律的観点・道義的観点・戦略的観点
4	主戦場	個別交渉・弁護士対応・裁判上の手続	広報・責任追及・人事処分・被害者対応・再発防止策　等
5	解決の指針	裁判上の決着	世間のとらえ方
6	謝罪対応に失敗した場合	損害賠償・販売差止・謝罪広告・刑事責任等	上場廃止・自主廃業・事業撤退・倒産・刑事責任　等

最初に不祥事が発生したときの四囲の状況を確認して、個別対応ができるかどうかを見極めます。そして、個別対応ができれば、個別対応を進めます（［表8］（見極めた不祥事ごとの対応）の「カテゴリ1」）。具体的には、被害者に連絡して、被害者の意向を確認したうえで、法律的な観点から責任の有無と範囲を検討し、話合いを進めて、話合いがまとまらなければ、弁護士をたてて交渉したり、裁判手続を利用したりしながら解決を図っていきます。そして、最終的に謝罪対応に失敗した場合には、被害者に生じた損害を賠償する等、裁判所の判断した内容に従って対応して、それが完了すれば、解決に至ります。

他方で、個別対応ができない場合には、このような方法で進められませんので、やむを得ず、集団的な対応で進めざるを得ません（［表8］（見極めた不祥事ごとの対応）の「カテゴリ2」）。

具体的には、被害の拡大を防止するためのプレスリリースや謝罪会見を行います。他方で、特定できた相手に対しては可能な範囲で個別に謝罪対応も進めていきます。そして、その後の対応を進めるに際しても、法律的な観点から責任の有無と範囲を確認するだけでは不十分です。集団的な対応が求められる不祥事の場合には、一部の被害者と裁判上の手続で決着できたとしても、必ずしも全体的な解決にはつながりません。不祥事を起こした企業の対応姿勢を含めて、「この会社は今後も存続させるに値するのか」という観点から世間が判断する事柄なので、不祥事発生後のふるまいを含めて、法的な観点だけではなく、世間が道義的な観点からどう判断するか、世間からの信頼を回復するに際して戦略的にどうふるまっていくべきかといった、道義的観点、戦略的観点から対応を検討する必要があります。

企業が日頃どのような理念のもとで事業を推進してきたのか、その姿勢に偽りはなかったのか、今回の不祥事が発生した原因はどこにあるのか、それに対する責任の取り方はどうなのか、不祥事による被害者がいる場合には被害者にどのような対応を行ったのか、また今後同様の不祥事が発生することを防ぐためにどのような対策を採ろうとしているのかといった点に世間からの関心が集まりますので、広報対応でどのような内容を世間に伝えていけるかが、企業の存続の可否を占う重要なポイントになります。そして、一連の対応によって世間の信頼を取り戻すことができなければ、上場廃止（上場企業の場合）、自主廃業、倒産といった事態に陥る場合もあります。

第4章

初期対応

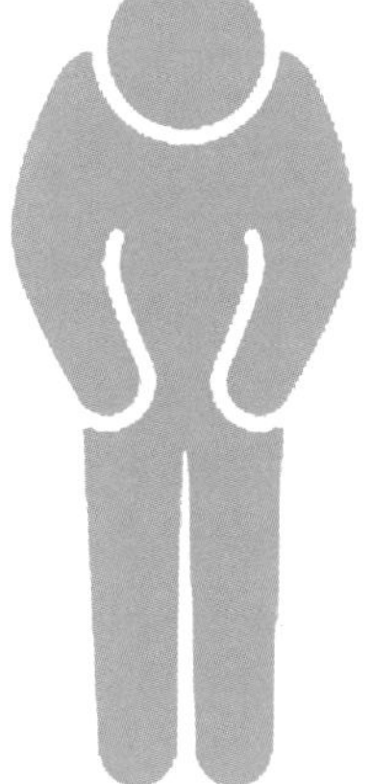

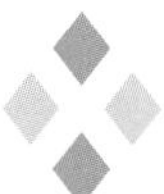

不祥事が発生した場合に、その後の対応をどのように進めるかは重大な問題です。発生した不祥事の具体的内容もさることながら、その後の対応の巧拙によって、企業の命運が左右される場合があるからです。

先に述べたとおり、不祥事発生後の具体的な対応は、「①初期対応⇒②原因究明⇒③対応の検討と実施⇒④再発防止策の立案と実行」といったフレームワークに沿って進めていくことになります。

そしてこの一連の過程を経て、企業は世間に信任の是非を問い、失った信用を取り戻すことができるか否かを委ねることになります。そのような意味では、この一連の過程こそが、不祥事発生時における謝罪対応というとらえ方ができます。

不祥事が発生した後の初期対応には、いろいろと頭を悩ます場面があり、いくつか注意していただきたい点もありますので、以下、順に説明させていただきます。

1. 不祥事発生直後の謝罪対応

不祥事対応の中で、どのタイミングで、どのように謝罪するかは悩ましい問題です。自分たちに非がある以上、すぐに謝ったほうがよいと考える人も多いと思います。しかし、ただ謝ればよいというわけではありません。不祥事発生後間がない段階で適切な謝罪ができなければ、事態を紛糾させてしまい、炎上を招く可能性があるからです。ここでは、不祥事発生直後の適切な謝罪対応とは何かを確認していきたいと思います。

(1) 謝罪は１種類だけではない

謝罪対応において、最初に確認すべきことは、謝罪の種類は１つだけではないということです。どういうことかというと、謝罪には２種類の謝罪があって、その違いをはっきりと意識したうえで対応を進める必要があるということです。

謝罪することに、抵抗感をもち、拒否反応を示す人がいます。このような人は「謝罪すること＝責任を認めること」ととらえているからだと思います。

弁護士の業務の１つに交通事故案件の対応があります。私の場合は多くの弁護士と同様に、加害者側で関与させていただくこともあれば、被害者側で関与させていただく場合もあります。加害者側で関与する場合には、相談者から「下手に謝ってしまうと、その後、不利に扱われてしまうような気がします。でも、迷惑をかけていることは事実なので、謝ってしまっても問題ありませんか」と尋ねられることがあります。他方で、被害者側で関与する場合には、相談者から「相手は、事故の直後に車から降りて、『すみません』と言っていたのに、後から『事故の原因は自分にはない』みたいなことを言ってきた。事故の直後に『すみません』と言ったことは、決定的な証拠にはならないのですか」と尋ねられることがあります。

いずれの発言も「謝罪することが決定的で、謝罪したら責任を認めたことになるので、その後の交渉や、万が一裁判になった場合にも、謝罪した側は不利に扱われるはずだ」という発想に基づくものですが、これは誤解です。交通事故の後に謝罪したとしたら責任を認めたものとして扱うという内容の法規も、慣習も存在しません。むしろ、交通事故直後の謝罪は、平常時の冷静な精神状態で行われたものではなく、精神的な動揺が大きい中で行われたものだから信用できないと扱われる場合のほうが多いと思います。

謝罪は、発せられた言葉どおりに、法的な責任が生じるといったものではありません。すなわち「ごめんなさい」という言葉が発せられたという形式ではなく、それがどのような意図のもとで発せられたのかといった実質が重視されます。その謝罪が、責任を負担することを覚悟して行われた謝罪だったか否かが重視されます。

言い換えれば、単に、迷惑をかけたことに対する謝罪や、不愉快な思いをさせてしまったことに対する謝罪や、不安な気持にさせてしまったことに対する謝罪をしたからといって、それで責任を引き受けたことにはならないということです。

【図15】　２種類の謝罪対応

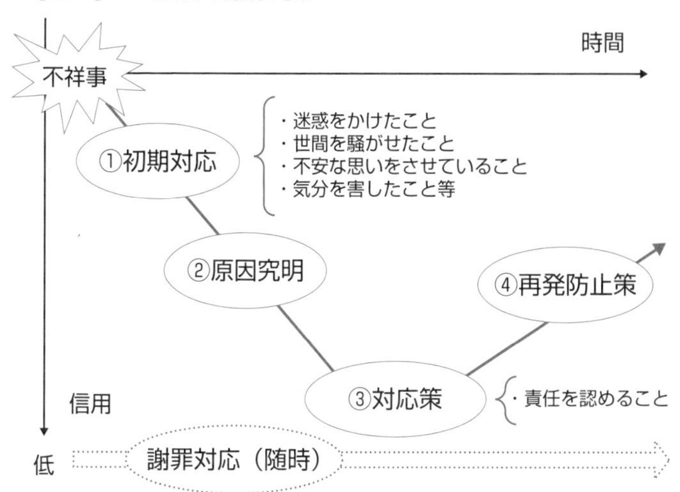

【図15】（２種類の謝罪対応）にあるように、不祥事対応において謝罪がクローズアップされる場面は、２つあります。それは、初期対応の場面で行う謝罪と、原因究明が完了した段階で行われる謝罪です。この２つは、謝罪が行われるタイミングと、謝罪が向けられる対象に違いがあります。

まず、初期対応の場面で行われる謝罪は、不祥事が起きて間がないタイミングで行われます。謝罪の対象は、「迷惑をかけたこと」、「世間を騒がせたこと」、「不安な思いをさせていること」、「気分を害したこと」といった事柄です。この段階では、不祥事の発生原因や影響の程度に関する調査も進んでいないので、責任を認めるべき意味での謝罪はできませんし、すべきでもありません。具体的にどのような責任が発生するかも未定です。なぜなら、刑事上の責任については、この後に捜査が進行して、起訴され、刑事裁判手続で有罪にならないと確定しませんし、民事上の責任についても、責任の有無や範囲をめぐって当事者の認識や見解に相違がある場合には、その後、民事裁判手続を経て、当事者が和解するか、裁判所が判決を言い渡して、その内容が確定しなければ最終的な責任内容は確定できないからです。

次に、原因究明が完了した段階で行われる謝罪は、不祥事が起きた後に原因究明が進んで責任の所在や責任の範囲がわかったタイミングで行われます。謝罪の対象も「不祥事に関する責任をとること」です。この謝罪は、調査も完了したうえで、責任の所在や内容等もひととおり明らかになった段階で行われます。

そして「安易に謝罪をするな」という文脈で語られるのは、初期対応の場面にもかかわらず、責任を認める場面で行われる謝罪を行ってはいけないという意味です。謝罪は、お互いの感情の溝を埋めるための潤滑油なので、謝るべき場面で謝らなければ、解決できることも解決できなくなります。大切なのは「どのような意味での謝罪か」を明確にしたうえで、タイミングを逃さずに時宜に応じた適切な謝罪を行うことです。

(2) 不祥事発生直後の謝罪対応の確認事項

不祥事発生直後に謝罪するにあたり、事前に考えておくべき事柄があります。これらの事柄を確認することなく安易に謝罪してしまうと、取り返しのつかない事態が生じる場合があります。

具体的には、5W1Hを意識して謝罪の方法や内容を事前にチェックするということです。5W1Hというのは、Who

（だれが）、When（いつ）、Where（どこで）、What（なにを）、Why（なぜ）、How（どのように）を指す言葉ですが、５Ｗ１Ｈを事前に確認しておくと、謝罪対応の検討事項に漏れがなくなります。

① 誰が？

誰が謝罪すべきかですが、企業の不祥事は、企業として対応を求められる場面なので、法的には、対外的な代表権を有する社長が適任者です（会社法349条）。また、社会的にも、世間は不祥事を起こした企業に対して「最終責任者を出せ！」、「社長の顔を見せろ！」という感情を抱くことが多いので、社長が出ないと、企業の本気度も伝わらず、マイナスの印象を与えかねません。もっとも、企業の規模や不祥事の内容によっては、社長が、その不祥事の詳細を理解できていない場合も少なくはありません。そのような場合には、社長以外の取締役、管理職、技術者が対応することも検討すべきです。なお、経営者にとっても、不祥事対応は日常的な業務ではないので、初めて経験する場合も多いと思います。そのような場合には、不祥事対応を扱う弁護士やコンサルタント等、外部の専門家のアドバイスを受けつつ対応することも検討してください。

② いつ？

次に、いつ謝罪すべきかですが、できるだけ早く行うようにしてください。不祥事が発生した初期の段階で企業が謝罪や説明を行わずに放置してしまうと、雪だるま式に世間の関心が増殖し、批判的な空気感が醸成されていってしまうことが懸念されます。そのような事態を防ぐために、早めに謝罪を含めた説明を行ったうえで、早期に火消しに努めることが大切です。

この点に関して印象的な事例があるので、紹介させていただきます。

映画館の運営と映画配給を行っている有限会社アップリンクの代表者から日常的にパワハラを受けたとして、2020年6月16日に、同社の元従業員男女5名が同社と会社代表者に対して合計760万円の支払いを求めて東京地方裁判所に提訴する事件が起きました。

内容については、ニュースやインターネット上でも報じられたので、目にした方も多いかもしれません。パワハラ事件は世の中に沢山ありますから、事件の内容自体はそれほど目新しい印象はありません。この事件で特筆すべきは、その後の経緯です。まず、元従業員は訴訟を提起した日に記者会見を開き、「会社代表者から他の従業員や来場者の面前で理不尽な理由で怒鳴る」、「『社長の言うことが聞けないのか』等と恫喝する」、「『おまえは病気である』等の人格を否定した発言をする」、「時に改善を要望しても『議論する余地はない。会社に残るか去るか』等と半ば強引に退職を促す」などのパワハラを日常的に受けていたと説明しました。5名のうち4名は実名と顔を公表しての会見でした。一般市民が、実名と顔を公表して記者会見を開くことは珍しいことです。また、この件は、会社と会社代表者および元従業員5名の間の個別的な紛争なので、記者会見する必要があるのかといった点については否定的な意見もありましたが、業界では著名な会社であり社長であったということや、世間に事実を公表することで同じようなパワハラ被害にあっている人に立ち向かう勇気を与えたいといった元従業員の説明内容も理解できるものでした。

これに対して、会社代表者も、同日付で、「元従業員の方々から訴訟を提起されたことに関して、真摯に受け止めております。不適切な言動があったことを深く反省し、謝罪いたします。本件の解決に向けて、誠意をもって対応をして参ります」といった声明を出します。そして、その３日後の同月19日には、「今回提訴した元従業員５名の方、そして、そのほかの元従業員、現在勤務している従業員の皆さんに対して、私のこれまでの言動に過ちがあったことを認め、傷つけたことを深く謝罪いたします」と改めて陳謝したうえで、今後については、アップリンクに多額の負債があり会社代表者が連帯保証人になっていること等から社長の退任はしないが、⑴外部委員会の設置、⑵通報制度・窓口の設置、⑶社内体制の改革・スタッフとの定期的な協議、⑷取締役会の設置、⑸セミナーやカウンセリングへの参加といった対応を行うことを、専門家を交えて検討していると報告しました。

提訴に至るまでの交渉過程で元従業員が所持している証拠等も、ある程度確認したうえでの対応だったのかなとも推察しますが、まだ第１回口頭弁論期日も指定されていないと思われる提訴直後のタイミングで、会社代表者は、「不適切な言動があったことを深く反省し、謝罪いたします」との全面的な謝罪文を公表しました。

このタイミングで、正面から責任を認める意味での謝罪を行うのは、なかなか珍しい対応です。元従業員としても、世間としても、潔い対応に清々しさを感じた人も多かったのではないでしょうか。この本でも、謝罪対応の３原則（逃げない、隠さない、偽らない）の話をしていますが、それに適う対応と、かつ絶妙なタイミングだったと感じます。さらに、16日に提訴されて、その３日後の19日には、今後の対策も含めたさらに詳細な謝罪文を公表しています。そして謝罪の相手も、今回提訴した5名の元従業員、その他の元従業員、現在勤務している従業員、お客様、関係者の皆様、アップリンクを応援してくださった皆様へと、幅広くとらえられており適切だと感じられるものでした。

その後、この件は大きく炎上することなく経過が推移していきましたが、不祥事が発覚した直後に、適切な謝罪ができたことが大きな要因だと思います。

③　どこで？

どこで謝罪を行うかについては、個別対応できるか否かによって異なります。個別対応できる場合の謝罪対応では、基本的に、被害者の住所や居所に赴いて対応するということになります。他方で、個別対応できない場合の謝罪対応では、被害者の住所や居所に赴いて対応できないので、手紙、ウェブサイトへの掲載、記者会見等の選択肢をとることになります。被害者が特定多数または不特定多数の場合の謝罪対応に関しては本書の第8章「情報の開示・公表」の箇所で詳細を説明しますので、そちらでご確認ください。

④　何を？

不祥事の内容そのものに関して、漏れなく説明できるように確認しておかなければならない事項があります。

確認すべき項目については、「六何の原則／八何の原則」が参考になります。六何の原則というのは、①何人が（犯罪の主体）、②何時（犯罪の日時）、③何処で（犯罪の場所）、④何に／何人に（犯罪の客体）、⑤何んな方法で（犯罪の手段方法）、⑥何をしたか（犯罪行為と結果）をいいます。そして、これに、⑦何人と（共犯）、⑧何故に（動機）を加えたものを八何の原則といいます。これらは、犯罪捜査書類を作成する際に意識されている事項で、これらの事項が漏れなく記載されていれば、犯罪事実の記載要件を満たすことができると考えられているものです。

不祥事の内容を説明する場合も、犯罪捜査で犯罪事実を明らかにする場合と同じく、過去に起きた一定の出来事について、事実を的確に描写することが求められる場面なので、参考になります。もちろん、不祥事が発生して間もない段階では、正確な事実が把握できていない場合もあります。その場合には「確認中」としておき、いずれ確認していけばよいと考えてください。第５章「原因究明」で説明する調査の中で各項目を解明し、最終的にはいずれの項目についても漏れなく説明できる状態をめざしていきます。

［表９］　六何／八何の原則

	項目	説明		
1	何人が	犯罪の主体	六何の原則	八何の原則
2	何時	犯罪の日時		
3	何処で	犯罪の場所		
4	何に／何人に	犯罪の客体		
5	何んな方法で	犯罪の手段方法		
6	何をしたか	犯罪行為と結果		
7	何人と	共犯		
8	何故に	動機		

そして、不祥事の内容を漏れなく説明できるようになったうえで、さらに意識すべき点があります。

それは被害者の立場に立って考えたときに、説明内容が十分かということです。弁護士の仕事の中の１つに、罪を犯したと疑われている人を弁護する業務がありますが、その業務を例に、説明させていただきます。

ある男性（Ａとします）が、居酒屋で酒に酔って、その場に居合わせた面識のない男性（Ｂとします）を殴り、Ａが警察に逮捕されて身柄を拘束されたとします。Ａは身柄を拘束されているので、弁護士を選任して、その弁護士を通じてＢとの示談対応を進めなければなりません。Ａの弁護士は捜査機関を通じてＢの連絡先についての情報を入手し、Ｂに連絡して、Ｂを訪問します。その際に、単に、「Ａは大変反省しているので、赦してください。示談してください」と言ったところで、ほとんどの場合、Ｂの了解を得ることはできません。Ｂが知りたいことに応えることができていないからです。突然、刑事事件の被害者になったＢとしては、知りたいことがたくさんあるはずです。加害者も「どうして殴っちゃったんだろう……」と自問自答していますが、被害者も「どうして自分が被害にあってしまったんだろう……」と自問自答しています。ちょうど、【図16】（刑事事件の被害者が知りたいこと）のような状態です。そこで、弁護士としては、これらの疑問に答えるべく１つひとつ説明し、被害者の疑問を氷解させることができれば、その段階で初めて示談に応じるかを検討してもらえるようになるのです。

【図16】 刑事事件の被害者が知りたいこと

①加害者はどんな素性の人なんだろう？
②加害者は普段は何をしている人なんだろう？
③加害者は反社会的勢力なのか？
④加害者は逆恨みしていないのだろうか？
⑤加害者が報復してきたりしないのだろうか？
⑥加害者は反省してくれているのだろうか？
⑦今回のことを今はどう考えているんだろう？
⑧今回のようなことはもう起さないだろうか？など

刑事事件の
被害者

　このことは、企業が不祥事を起こした場合にも参考になります。不祥事の被害者も、何気なく暮らしている中で、ある日突然、企業が引き起こした不祥事によって被害者の立場に追いやられてしまいます。被害者の頭の中には、「どうして自分が被害にあってしまったのか？」から始まり、【図17】（企業不祥事の被害者が知りたいこと）に記載してあるようなたくさんの疑問が満たしています。

　これらの疑問が解消されなければ、企業と示談したり、和解する気分になってはくれません。示談や和解のために金銭的に良い条件を提示することも必要ではありますが、条件が良いだけで示談や和解に応じてくれるわけではありません。人が示談や和解に応じるのは、納得できた場合です。納得してもらうためには十分な説明が必要です。

不祥事を起こした企業も、被害者が知りたいことを確認し、想像しながら、被害者の抱いている疑問を氷解するために説明を尽くす必要があるのです。

【図17】 企業不祥事の被害者が知りたいこと

①どうして自分が被害にあってしまったのだろう？
②この会社は普段どのような対策をしてきたのか？
③そもそもちゃんとした会社なのか？
④自分以外に被害にあった人はいるのか？
⑤その人たちはどんな対応をされているのか？
⑥この会社はまた同じことを繰り返すのではないか？
⑦今回のことをどう考えているんだろう？
⑧どんな償いをしてくれるのか？など

企業不祥事の被害者

⑤　どのように？

どのように謝罪するかですが、「不祥事対応の3原則（①逃げない、②隠さない、③偽らない）」を意識しながら対応を進めることが重要ですが、それ以外にも注意していただきたい点が2つあります。1つは、謝罪の文言についてです。「当社の○○○○の件（○○○○には不祥事の具体的な内容を表現する言葉が入る）で、消費者の皆様、社会の皆様に大変なご迷惑・ご心配をおかけしてしまっており、誠に申し訳ございません。心からお詫び申し上げます」という一般的な内容を用意しておくのが無難です。あえて個性を出す必要はありませんので、できるだけ、無難な内容を用意してください。もう１つは、謝罪の際に発する言葉は、可能な限り簡単で、わかりやすい表現を用いる必要があるということです。少しでも難しい言葉やまわりくどい言葉を使ってしまうと、それ自体で「不誠実な人」、「何か後ろめたいことがあるのではないか」、「何か隠そうとしているのではないか」という印象で受け止められる可能性があります。謝罪の場面では「正確に詳しい情報を伝えなければ」という気持が強くなってしまうためか、ついつい難しい言葉を使ってしまうことがあるので、注意が必要です。

2. 現場確認・現物の保存

不祥事が発生した場合に、現場や現物の確認が適切に行われているか否かは、すべての対応の土台になる重要な事柄です。「①初期対応⇒②原因究明⇒③対応の検討と実施⇒④再発防止策の立案と実行」というフレームワークをさかのぼって考えてみるとわかりやすいと思います。最終的に適切な再発防止策を策定して実行するためには、その前に今回の不祥事に対して適切な対応の検討と実施ができなければなりません。適切な対応を検討して実施するためには、適切に原因究明が行われなければなりません。適切な原因究明を行うためには、その検討を行う対象である素材ができるだけしっかりと揃っていなければなりません。

そのような意味では、不祥事が発生した直後に、現場の確認・現物の保存を行う必要性は高いのですが、注意していただかなければならない重要なポイントがあります。それは、その不祥事が、公権力による捜査や調査が行われる場合か否かを見極めるということです。公権力による捜査や調査が行われる場合か否かによって、以下のように対応を変える必要があるからです。

たとえば、店舗が爆発して従業員やお客様が亡くなったような場合、爆発の理由によっては、業務上過失致死傷罪（刑法211条）の成立が疑われ、警察による捜査が開始される場合があります。また、脱税が疑われるような場合には、税務署による税務調査や、国税局査察部による査察調査が行われることもあります。そのような状況にあることを理解せずに、安直に現場確認や現物の保存を進めてしまうと、犯人蔵匿罪（刑法103条）、証拠隠滅罪（刑法104条）等の罪を犯してしまう可能性があるため、慎重に行動する必要があります。

他方で、間近い時期に公権力による捜査や調査が行われそうにない場合には、早急に現場確認と現物の保管を進めていきます。現場確認といっても現場を訪問して確認するだけでは不十分です。現場の状況を記録に残すために訪問するわけですから、現場では、写真を撮影したり、動画で撮影したりするなどして、現場状況の記録化に努める必要があります。また、異物混入のような食品事故だったり、商品から火が噴いた等の製品事故の場合には、現物の確保も重要になります。被害を申告している人から送付してもらったり、もしくは訪問して引き揚げてくる必要があります。さらに、従業員の横領などの場合には、社内調査により証拠資料等を早急に確保する必要が出てきます。このあたりについては、後に本書の第５章「原因究明」の項目で詳細を説明しますので、そちらをご確認ください。

また、間近い時期に公権力による捜査や調査が行われ得る状況か否かについては、判断に迷う場合もあると思いますので、そのような場合には、弁護士等の専門家に相談したうえで、対応を進めてください。

【図18】 現場確認・現物の保存

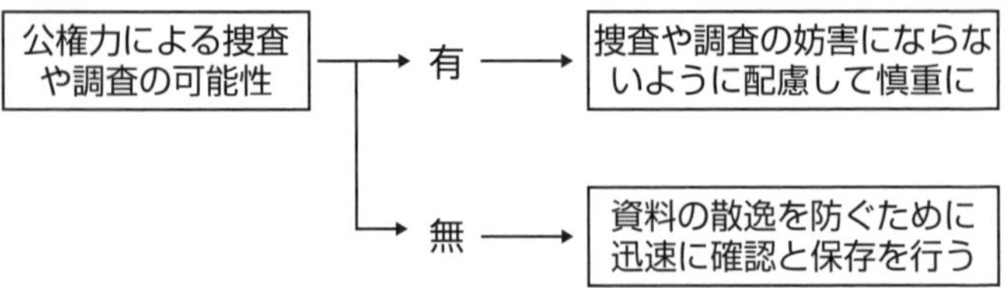

第4章 初期対応

3. 状況に応じたその他の対応

現場確認と現物の保存と合わせて検討すべき事柄がありますので、以下、説明させていただきます。

(1) 対象者の物理的な隔離（自宅待機命令）

横領など社内で行われた不祥事に関する調査を行う場合には、対象者を社内に残したまま調査を進めることは不可能または困難です。そのため、対象者を物理的に隔離することを検討する必要があります。具体的にどのように行うかというと、調査に必要と思われる一定の期間、業務命令としての自宅待機命令を発出します。自宅待機命令については、相談を受ける機会の多い項目なので、少し詳しく説明させていただきます。

① 2種類の自宅待機命令

自宅待機命令には、ⓐ懲戒処分として行われる自宅待機命令（出勤停止）と、ⓑ業務命令として行われる自宅待機命令があります。両者の違いを［表10］（2つの自宅待機命令）にまとめましたので、ご覧ください。

[表10]　2つの自宅待機命令

	項目	懲戒処分としての自宅待機命令	業務命令としての自宅待機命令
1	性質	懲戒処分	業務命令
2	就業規則の規定の要否	必要	不要 ただし規定をおくほうが望ましい
3	期間	反省に必要な期間	調査に必要な期間
4	賃金の支払い	なし	状況によって異なるが支払っておいたほうが無難

ⓐ懲戒処分としての自宅待機命令（出勤停止）は、従業員に対する制裁として行われるものなので、就業規則に懲戒処分の内容として出勤停止が定められていない限り行えません。これに対して、ⓑ業務命令としての自宅待機命令は、不祥事が発生した原因の調査やさらなる被害の拡大防止等の目的で行われるものなので、就業規則に規定がなくても、業務命令として発出できると考えられています（ただし、業務命令としての自宅待機命令もトラブルになる場合がありますので、念のため就業規則に規定をおいておいたほうが望ましいと考えてください）。

不祥事が起きた初期段階での自宅待機命令は、まだ懲戒処分に進むかどうかわからない段階での自宅待機命令なので、ⓑの業務命令としての自宅待機命令です。

② 業務命令としての自宅待機命令の期間

業務命令としての自宅待機命令の期間についてですが、法律で明確な決まりがあるわけではありませんので、何日までなら可能という明確な指針はありません。この自宅待機命令は、調査の必要性に基づき発出されるものなので、調査に必要な合理的な期間は発出し続けることになります。数週間で終わる場合もあるかもしれませんが、1カ月～2カ月はかかることが多いと思います。他方で、必要以上に長すぎる期間を設定してしまうと、違法と判断される場合があるので注意が必要です。

裁判例では、航空機の上級整備士が勤務中にシャンパンを飲んだことにより自宅待機命令が発出されて、それが7カ月に及び、その時点では違法なものになっていたと判断された事例があります（千葉地裁平成5年9月24日付判決〔ノースウエスト航空整備士事件〕）。この事例では、実際に調査を継続していて7カ月以上の期間が必要だったのであればともかく、すでに調査はほぼ完了していたにもかかわらず、会社が従業員を退職させる目的で自宅待機命令を継続していたという事情もあっての判断でしたが、不必要な調査期間を設定して、それを継続した場合には違法な自宅待機命令になることがあるので、注意が必要です。

③　業務命令としての自宅待機命令期間中の賃金の支払いは？

業務命令としての自宅待機命令を発出している期間中に、対象となっている従業員に賃金を支払わなければならないかについても、よく質問を受けます。自宅待機命令が発出された状況によって、概念上は、以下のように結論が分かれます。

ⓐ　賃金全額を支払わなければならない場合

自宅待機命令を発出しなくても、円滑な調査が可能であるにもかかわらず、自宅待機命令を発出した場合は、債権者である会社の責めに帰すべき事由による労務提供不能といえますので（民法536条2項）、会社は調査対象者に対して100%の賃金を支払わなければなりません。

ⓑ　平均賃金の60%の休業手当を支払わなければならない場合

自宅待機命令を発出しなくても、調査自体は可能だけど、自宅待機命令を発出したほうが調査しやすいからとの理由で自宅待機命令を発出した場合は、債権者である会社の自主的な判断で発出したにすぎず、使用者の支配領域に属する労務提供不能となりますので（労働基準法26条）、平均賃金の60%の休業手当を支払わなければなりません。

ⓒ　賃金全額の支払義務を免れうる場合

調査対象者が有する社内における影響力の強さや、証拠隠滅や改ざんのおそれが強い等の事情から、調査対象者が出社していると円滑な調査を行うこと自体が不可能な場合は、債権者である会社の責めに帰すべき労務提供不能ではなく、調査対象者の責めに帰すべき労務提供不能と解釈し得るので、会社は調査対象者に対して賃金全額の支払義務を免れる場合もあります。

もっとも、これらのいずれに該当するかは、調査開始時には客観的に判断できないことがほとんどなので、仮に会社が賃金全額の支払義務を免れうる場合だと考えていても、後に、会社と調査対象者の間で自宅待機命令の違法性が争われ、裁判に発展した場合には、会社の望む結論に至らない可能性もあります。そのため、概念上の話はともかくとして、実際には、取りあえず賃金全額の支払いは継続したうえで、自宅待機命令を発出して、調査を進める場合が多いように思います。これらの点も含めて、業務命令としての自宅待機命令に関してよく質問を受ける項目を［表11］（業務命令としての自宅待機命令に関してよく受ける質問）にまとめましたので、ご確認ください。

［表11］　業務命令としての自宅待機命令に関してよく受ける質問

	質問	回答
1	就業規則に規定がなくてもできるのか？	雇用契約の一般的指揮監督権に基づく業務命令として許されるため、就業規則上の根拠がなくても行える。しかし、就業規則上の根拠があったほうが無難。
2	賃金は支払わなければならないのか？	発出された自宅待機命令の必要性などによって結論は変わる。しかし、全額を支払っておいたほうが無難。
3	どのような場合に違法になるのか？	正当な理由があり、必要かつ相当な期間に限り許され、それを超えると違法になる場合がある。
4	自宅待機中の行動制限が可能か？	自宅待機命令は勤務地を自宅とする業務命令の一種と考えられるので、所定の勤務時間の間は自宅で過ごすように要求することも認められる。

④　業務命令としての自宅待機命令期間中の無給休職の合意は？

最後に、業務命令としての自宅待機命令を発出する場合に、従業員と個別に話合いを行い、自宅待機命令が発出されている期間中は無給とする合意（無給休職の合意）をすることがあります。このような合意の有効性についてですが、結論としては、従業員が賃金請求権を放棄することに合理的な理由があり、それが従業員の自由な意思に基づいている場合には、無給休職の合意も有効と考えられています。

実際に、在職中の不正経理の代償として退職金を放棄した退職者が、賃金全額払いの原則（労働基準法24条１項）によりその放棄の効力は生じないと主張して退職金を請求した事案において、判例は、賃金全額払いの原則の趣旨は、「使用者が一方的に賃金を控除することを禁止し、もって労働者に賃金の全額を確実に受領させ、労働者の経済生活をおびやかすことのないようにしてその保護をはかろうとするものというべきであるから、本件のように、労働者たる上告人が退職に際しみずから賃金に該当する本件退職金債権を放棄する旨の意思表示をした場合に、右全額払の原則が右意思表示の効力を否定する趣旨のものであるとまで解することはできない。もっとも、右全額払の原則の趣旨とするところなどに鑑みれば、右意思表示の効力を肯定するには、それが上告人の自由な意思に基づくものであることが明確でなければならないものと解すべきである」（最高裁第二小法廷昭和48年１月19日付判決〔シンガー・ソーイング・メシーン・カムパニー事件〕）と判示しています。

注意が必要なのは、調査対象者の自由な意思に基づくことを証明することが簡単ではないということです。調査対象者と合意書を締結して行うべきですが、締結する合意書の記載内容を十分に検討したうえで、合意書を締結したときの状況についても記録に残しつつ、慎重に進めるようにしてください。

⑵ 対象者の機能的な隔離（アクセス権限のはく奪）

対象者の物理的な隔離に加えて、機能的な隔離も検討すべき場合があります。何をするかというと、社内のメールやデータベースへのアクセス権のはく奪です。外部から社内のデータベース等にアクセスできる設定がされている場合には、アクセスできないようにしなければ、データベース等の中にある証拠を改ざんされたり、消去されたりする可能性があるからです。

(3) 調査委員会等の設置

不祥事の原因究明を行うに先立ち、調査の主体をどうするかを検討する必要があります。不祥事が発覚して間がないうちは、社内の担当者や会社の顧問弁護士と相談しながら、情報を収集していきます。そして、不祥事の内容や、不祥事が社会に与える影響等によっては、外部の有識者を交えた調査委員会等の設置も検討する必要があります。調査委員には、公正な調査ができる人物を選定する必要があります。公正な調査ができる人物というのは、外部の専門家（弁護士・公認会計士・学者・コンサルタント・デジタルフォレンジックの専門家・その他）で、従来から会社と関係がなく、関係があったとしても利害関係のない人物ということです。会社と利害関係のある人物に調査を依頼してしまうと、調査結果の信用性が疑われます。

また、調査のスケジュールについても検討する必要があります。調査している期間中は「調査中」という答弁で受け入れてもらえることがある半面で、その期間中に調査が完了しなければ、より厳しい追及を受ける可能性があるため、不祥事発覚時の初動対応としては見極めが難しいところです。基本的な考え方としては、ある程度余裕をもたせたスケジュールを設定しておいたほうが賢明だと思います。他方で、有価証券報告書や四半期報告書の提出義務を負うような上場企業における会計不祥事などでは、調査のスケジュールや進捗状況が、監査や四半期レビューに影響を及ぼしてしまい、上場廃止基準に抵触するリスクもあるので、その点は、より慎重に見極めることが必要になります。

⑷　対応窓口の設置

特に多くの被害者がいるような不祥事の場合には、専用の対応窓口を設置する必要があります。専用の電話番号の開設やメールアドレスの設定や担当者の選定や人員の確保も検討します。

⑸　想定問答集の作成

質問が集中すると思われる事柄については、想定問答集を作成しておきます。同一の問合せなのに会社の回答内容がバラバラになってしまうと、かえって世間に混乱を与え、信頼回復にはつながりませんので、あらかじめ想定される質問項目と回答例を用意しておくことが大切です。

［表12］（想定問答集の記載項目）をご覧ください。あらかじめ用意しておくべき想定問答の質問項目の大枠です。それぞれの項目の具体的な質問内容については、巻末資料「不祥事をめぐって想定される質問集」にまとめていますので、そちらをご確認ください。

［表12］　想定質問集の記載項目

	項目	具体的な内容
第１	不祥事の端緒	いつ、どのような経緯で不祥事が発生し、それがどうして発覚したのか等
第２	不祥事の内容	誰が、いつ、どこで、誰に対し、どのような行動をとり、どんな結果が生じているのか等
第３	不祥事による影響と責任対応	過去にも同様の事例はあったのか、どの程度の影響があるのか、それに対してどう対処していくのか等
第４	調査体制・方針	今後のスケジュールや、調査体制はどのようなものを想定していのか等
第５	再発防止策の策定・実行	現時点で想定している再発防止策の内容等

⑹　被害の拡大防止に最善を尽くすこと

被害者対応と同時並行的に行わなければならないことがあります。それは、不祥事の影響を予測して、被害の拡大の防止に最善を尽くすことです。また、被害の拡大防止のために有益な場合には記者会見を実施を検討してください。たとえば、食品の異物混入や情報漏えいなど被害者がいる不祥事の場合に行うべきことは、プレスリリースや記者会見を通じて、①現時点で生じている被害の状況、②これ以上の被害の拡大防止、③対応策を提示することです。不祥事対応についての情報開示については、第８章「情報の開示・公表」をご覧ください。

⑺　情報管理を徹底すること

情報が錯綜すると無用の混乱を招きます。そのため、情報管理を徹底する必要があります。社内で情報にアクセスできる人間を限定したり、従業員に対して現在の状況や事の重大さを丁寧に伝える必要があります。

⑻　次に調査を行うべき課題を整理すること

ある程度の初期調査が進んだ段階で、次に行うべき作業や課題を明確にしておく必要があります。万が一、行政からの問合せやマスコミからの取材要請があったときに、「現時点ではここまでしか把握できていないが、現在○○を調査中であり、○日（または○時）頃までには進捗を報告することができる」と言えるかどうかは大きな要素になります。そうしなければ、押し寄せる問合せへの対応で一杯いっぱいになってしまい、貴重な時間を奪われていくことになります。

第5章

原因究明

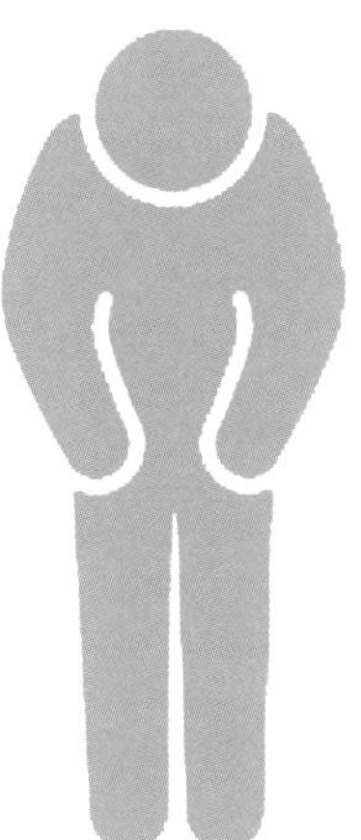

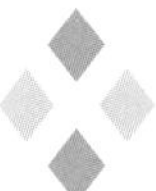

原因究明の段階で行うのは、今回の不祥事がどのような経緯で発生したのか、その原因は何だったのかを明らかにすることです。タイムマシーンに乗って不祥事が発生する直前に行くことができれば、リアルタイムで状況を観察できるので真相を解明できますが、それは不可能です。

そのため、現時点で残存している物、状況、関係者の証言から過去にさかのぼって合理的に推測できる事実を導き出して、今回の不祥事が、どのような経緯で発生したのか、その原因は何だったのかを認定していかなければなりません。

この作業は、裁判における事実認定と同様の作業です。裁判では、過去の一定の事実の存否に関する当事者の主張の当否を、当事者から提出された証拠によって確定していきます。民事裁判の場合には、訴える側（原告）と訴えられる側（被告）とに分かれて、それぞれが、「過去にこんなことがあった。そして、その後はこんな経緯で推移して、現在、こんなふうになった」といった過去の事実を主張し合います。そして、当事者双方が、「自分の説明していることは本当だ。なぜなら、こんな証拠がある」といって自分が主張する事実があったことや、相手が主張する事実が実際にあった出来事とは違うことを証明するための証拠を提出します。裁判官は、当事者双方が提出した証拠から、原告または被告のどちらの言い分が正しいのか、すなわち、どちらの主張する事実が正しそうかを判断して、「過去にこんなことがあった。そして、その後はこんな経緯で推移して、現在、このような状況が生じたに違いない」という心証を形成していきます。

不祥事対応の場面では、原告や被告という対立当事者がいるわけではありませんので、どちらの主張が正しいかを争う場面ではありませんが、事実認定の作業としては裁判手続で行われるのと同様の作業を進めることになります。そのため、裁判手続における事実認定を参考にしながら、不祥事対応の原因究明の場面で行うべき事柄や、作業の中での注意点等について説明させていただきます。

1. 証拠収集の重要性

事実認定に先立ち、証拠資料を集める必要があります。証拠が集まらないと単なる想像になってしまいます。いくら企業が「○○という事実があったと思われます」と説明したとしても、被害者から、「本当ですか？」、「どうして？」と言われたときに、企業が、「○○○○という証拠があるからです」といった具体的な話ができなければ、信用してもらうことはできません。

原因を究明するために事実を確定しようとしたとしても、証拠に関する理解が不十分だと、的確な判断ができません。不十分な証拠では、十分な事実を推認することはできませんし、不適切な証拠では、不適切な状況判断しかできません。そのため、証拠に関する理解を深める必要があります。同様に証拠が重視される裁判手続を例に説明させていただきます。

【図19】（民事訴訟の構造）をご覧ください。民事訴訟の構造を図にしたものです。

【図19】 民事訴訟の構造

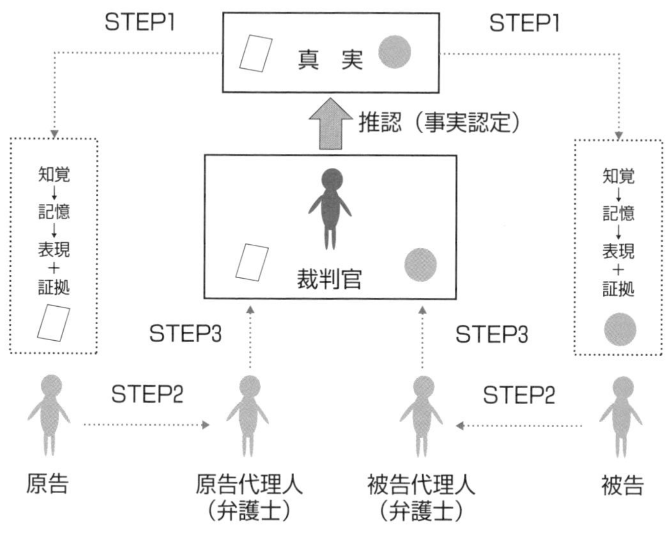

民事訴訟は、私人間の紛争を解決するための手続なので、前提として争っている当事者がいます。ここでは、争っている当事者を「原告」と「被告」と記載しています。訴えを提起した側が原告で、訴えを提起された側が被告です。

この図では原告が、「被告から殴られた。けがをしたし、精神的苦痛も被ったので100万円賠償してほしい」と主張して、被告を訴えた場合を想定しています。この場合、原告は、自分の民事訴訟を担当してくれる弁護士（原告代理人）に対して「いやあ、被告は酷い人間です。もともと粗暴で、今回もいっしょに酒を飲んでいたら、いきなり殴られました。突然ですよ。考えられません。裁判で徹底的にやっつけてください！」と自分の考えを説明します。話を聞いた原告代理人も、原告から依頼を受ける立場なので、「いやあ、そうですか。話を聞かせていただきましたが、どうやら被告は酷い人間のようですね。裁判で徹底的に戦っていきましょう！」と多少のリップサービスをしつつ強めの共感を示しながら話を聞きます。これが「STEP 2」と書いてあるところです。そして、原告代理人は、原告から聞いた話をもとに主張を組み立て、預かった資料を証拠として裁判所に提出するわけです。これが「STEP 3」と書いてあるところです。

他方で、被告側でも同じようなことが行われます。原告から訴えられた被告は、自分の民事訴訟を担当してくれる弁護士（被告代理人）に対して、「参りました。いきなり難癖をつけられて訴えられました。訴状には、私が一方的に殴ったかのように書いてありますが、事実と違います。いっしょに酒を飲んでいたのは事実ですが、酔っぱらった原告が先に私に殴りかかってきました。自分の身を守るために、手でガードしようとしたら、酔っぱらった原告がつまずいてぶつかってきて、倒れてけがをしたのです。原告は相当酔っぱらっていたから覚えていないのかもしれませんが、一部始終を見ていた他の客もいます。こうなった以上は、私も戦います。逆に原告を訴えることはできないのでしょうか？」と自分の考えを説明します。話を聞いた被告代理人も、被告から依頼を受ける立場なので、「いやあ、そうでしたか。話を聞かせていただきましたが、災難でしたね。心中お察しします。反訴という方法もあるので、どこかのタイミングでは逆に訴え返すこともあり得るかもしれませんね。いずれにしても徹底抗戦で進めていきましょう！」と、やはり原告代理人と同じように、少し強めの共感を示しつつ、対応を進めていくことになります。これが「STEP 2」と書いてあるところです。そして、被告代理人も、被告から聞いた話をもとに反論の内容を組み立て、預かった資料を証拠として裁判所に提出するわけです。これが「STEP 3」と書いてあるところです。

このようにして、原告の主張と証拠、被告の主張と証拠が出揃ったうえで、裁判官が双方の主張と証拠を見ながら事実認定を行う段階に入ります。どちらの主張書面にも、自分たちに都合のよいことが書いてあるので、主張についてはある程度割り引いてみられます。このことは、裁判官も、原告代理人も、被告代理人も、ある程度、共通認識というか、織り込み済みの事柄です。特に、事件の当事者が説明する内容に関しては、さまざまな心情も絡む中で語られる話ですし、人間の記憶はあいまいなもので、そもそも正しく知覚されていて、それが正確に記憶に保存されていて、そのうえで、適切に説明されている保証はなく、その一連の過程で嘘や誤謬が混ざることは大いにあり得ることです。しかし、この一連の過程で、形を変えずに裁判官の元に届いているものがあります。それが何かわかりますか。

そうです。証拠です。この一連の過程の中で、原告と被告が裁判所に提出している証拠は、形を変えずに、そのまま法廷に顕出されています。裁判では、当事者の証言以外の物的証拠から導かれる事実をもとにして、原告と被告のどちらの言い分を正しい内容として認めるかを判断することになります。民事訴訟において、証拠が重要になるのは、このような理由によります。

2. 証拠によって事実を認定する

証拠を集めたうえで、どのように事実を認定するかについて、もう少し説明させていただきます。

【図20】（証拠による事実認定）をご覧ください。これは、Aさんが商品を購入して使用していたところ、商品から火が噴いてAさんがけがをした事例を図にしたものです。この事例をモデル事例として、証拠によって事実を認定する方法を説明していきます。

手順としては、まずは資料を集めるところから始まります。関係あるものや関係ないもの、関係しそうなものや関係しなそうなものとさまざまな資料があると思いますが、関係しそうな資料はとにかくかき集めるといった姿勢で対応します。その結果、モデル事例では、「Aさんが倒れているという状況」「火がくすぶっている商品」「診断書」「領収書」「証人の証言」といった情報が集まっています。

【図20】 証拠による事実認定

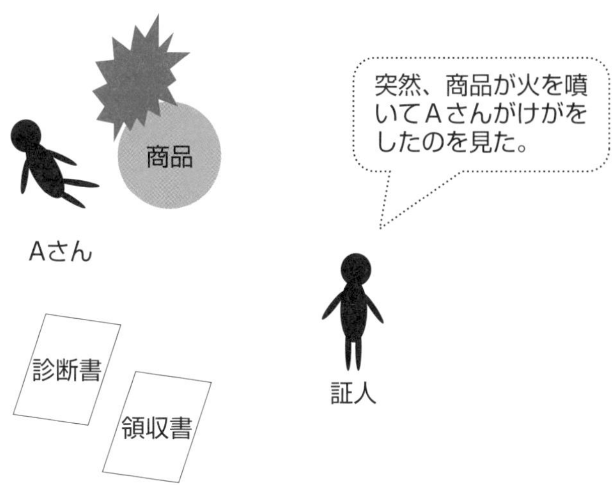

次に、集めた資料の内容と意味合いを検討します。「A さんが倒れていた状況」は A さんが何らかの被害を受けたことを示す資料です。「火がくすぶっている商品」は何らかの原因で商品が火を噴いたことを示す資料です。「診断書」は A さんが何らかの理由でけがをしたことを示す資料です。「領収書」は A さんが商品を購入したことを示す資料です。「証人の証言」はそれらの資料の因果の流れを示す資料です。このようにそれぞれの資料から推測される事実を書き出していく作業を進めます。

続いて、集めた資料を時間順に並べて仮説を立てていきます。A さんが商品を購入して使用していたところ、商品が火を噴いて、A さんが倒れて、けがをしたという事実と、それを裏付ける資料を整理して並べていきます。これを表にまとめたのが［表13］（事実と裏付証拠の整理）です。

［表13］　事実と裏付証拠の整理

	事実経緯	物的証拠	人的証拠
1	Aさんが商品を購入した。	領収書	
2	Aさんが商品を使用していた。		突然、商品が火を噴いてAさんがけがをしたのを見た。 証人
3	Aさんが使用していた商品が火を噴いた。	商品	
4	Aさんが倒れた。		
5	Aさんが負傷した。	診断書	

ここでは「Aさんが倒れていた状況」だけははずしていますが、それ以外のものはすべて整理できています。「Aさんが倒れていた状況」は、今後Aさんから説明してもらったうえで、詳しく状況を確認していくことになるので、取りあえず、いったんはずします。そして、「Aさんが倒れていた状況」以外の証拠だけでも、それらの証拠を整理すると、「Aさんが商品を購入した」、「Aさんが商品を使用していた」、「Aさんが使用していた商品が火を噴いた」、「Aさんが倒れた」、「Aさんが負傷した」という一連の事実を認定することができます。

ここで注意しなければならないのは、事実認定をするには、まず、物的証拠から認定できる事実を固めて、次に、人的証拠から認定できる事実を追加するといった順番です。モデル事例では、証人の、「突然、商品が火を噴いてAさんがけがをしたのを見た」という部分が人的証拠になります。モデル事例でもそうですが、人的証拠から得られる説明はストーリーで語られるため、理解がしやすいし、イメージも沸きやすいので、ついついそれを重視してしまいがちですが、それだと事実を見誤る可能性があるので、注意が必要です。人間の記憶は変容するからです。

以上がモデル事例を参考にした事実認定の方法です。今一度手順を説明させていただきます。まず、関係しそうな資料をとにかくかき集める。次に、それぞれの資料の内容と意味合いを考える。続いて、それらの事実と資料を時間順に並べて仮説を立てるという手順で、事実を認定していきます。そして、モデル事例でも、最後にAさんからも経緯を説明してもらい、認定した事実経緯に誤りがないかを検証するという流れで、一応確からしい事実経緯を導き出していくといった作業になります。

3. 証拠の分類を理解する

物的証拠や人的証拠という言葉がでてきましたが、証拠については、さまざまな分類の仕方があります。分類ごとに内容を確認していくことで、証拠に関する理解も深まるので、説明させていただきます。

(1) 物的証拠と人的証拠

まず、物的証拠と人的証拠という分類についてです。裁判では物的証拠のほうが重視される傾向にあります。具体例を説明させていただきます。物的証拠（物証ともいいます）は、凶器や壊れた物といった有体物です。人的証拠（人証ともいいます）は人の供述や証言です。イメージを思い浮かべていただくと理解が深まると思います。たとえば、Aさんがバットで B さんを殴ったという暴行事件が起きたとします。A さんが B さんを殴ったバットが凶器です。この「バット」が物証です。そして、A さんがバットで B さんを殴るのを見たという目撃者 C さんがいたとして、その「C さんの証言」が人証です。

［表14］　物的証拠と人的証拠

		分類	具体例
1	物的証拠（物証）	文書	契約書・領収書など
		検証物	凶器・壊された物など
2	人的証拠（人証）	証人	目撃者
		鑑定人	医者や学者などの専門家
		当事者本人	原告・被告・被告人

(2)　直接証拠と間接証拠

次に、直接証拠と間接証拠という分類があります。間接証拠は、主要事実（AがBを殴った）を間接的に推認させることになりますが、直接証拠と比べて主要事実の証明としては弱くなります。主要事実を認めるに足りる客観的かつ的確な直接証拠があれば、裁判官も苦労しません。しかし、特に民事裁判では、直接証拠がない場合も多く、結局は、間接証拠から間接事実を認定して、この間接事実や事情から、さらに主要事実を推認するという過程で事実認定が行われることがほとんどです。

［表15］　直接証拠と間接証拠

		意味	具体例
1	直接証拠	証明対象となる事実を直接的に証明する証拠	「私はBを殴りました」というAさんの証言など
2	間接証拠（状況証拠・情況証拠）	証明対象となる事実を間接的に証明する証拠	Bさんが殴られる直前にAさんとBさんがいっしょに写っていた写真

(3)　書証と供述証拠

さらに、書証と供述証拠という分類があります。書証というのは紙の証拠で、供述証拠はインタビューやヒアリングで得られる回答内容やそれを記録化したものを指します。紙媒体にできる証拠か否かで区分するものです。

4. 社内調査の根拠と義務

ここからは社内調査の進め方について説明させていただきます。

不祥事に関する社内調査を進めるに際し、その根拠を確認しておく必要があります。すべての調査で、対象となる役員や従業員が協力してくれればよいのですが、必ずしもすべての対象者が気持よく協力してくれるとは限りません。そのような場合に、誰に、どこまで強く協力を要請できるかについては、実際の協力要請を行うに先立ち、あらかじめ確認しておくべき事柄です。調査義務を有する対象者に対しては、「あなたには調査に協力してもらわなければならない。なぜなら○○という根拠がありますので」と理詰めで説明できます。他方で、調査義務を有しない対象者に対して、無理やりにでも調査に協力させてしまうようなことがあれば、逆に対象者に対する権利侵害が問題にされる場合があります。

(1) 社内調査を行う権限

取締役が自ら、または従業員等に命じて行う社内調査は、「取締役は、定款に別段の定めがある場合を除き、株式会社（取締役会設置会社を除く。以下この条において同じ）の業務を執行する」と規定する会社法348条１項を根拠として行うことができます。また、監査役による調査は、「監査役は、いつでも、取締役及び会計参与並びに支配人その他の使用人に対して事業の報告を求め、又は監査役設置会社の業務及び財産の状況の調査をすることができる」と規定する会社法381条２項を根拠として行うことができます。

⑵　社内調査に応じる義務

社内調査に応じる義務については、社内調査の対象者ごとに、以下のように整理できます。

①　取締役や監査役等の役員

会社と役員は、委任関係にあります（会社法330条、民法643条以下）。委任において、民法644条は、「受任者は、委任の本旨に従い、善良な管理者の注意をもって、委任事務を処理する義務を負う」として善管注意義務を定め、民法645条は「受任者は、委任者の請求があるときは、いつでも委任事務の処理の状況を報告し、委任が終了した後は、遅滞なくその経過及び結果を報告しなければならない」と報告義務を定めています。これらを根拠として、調査に協力する義務が導かれます。

②　従業員

就業規則で調査協力義務を規定している企業も多いと思いますが、就業規則の規定の有無にかかわらず、従業員は一定の場合には、その立場に応じて調査協力義務を負うと考えられています。

すなわち、従業員の調査協力義務の存否が問題になった判例で、裁判所は、「企業秩序は、多数の労働者を擁する企業の存立、維持のために必要な秩序であるから、使用者は、企業秩序が乱されることを防止するとともに、もし企業秩序に違反するような行為があった場合には、その違反行為の態様、程度等を調査して違反者に対し必要な業務上の指示を与えたり、あるいは業務命令を発し、また、就業規則等に基づき懲戒処分を行なうこと等によって乱された企業秩序を回復、保持すべき必要がある。他方、労働者も、雇用契約の履行として労務を提供するについては、企業秩序維持のため使用者の発する必要な指揮、命令に従うべきことはもとより、企業秩序を乱すような行為をしてはならないし、後記のような条件のもとにおいては、使用者による企業秩序違反行為の調査に協力すべき義務を負う場合もある」（下線は著者）と述べたうえで、「当該労働者が他の労働者に対する指導、監督ないし企業秩序の維持などを職責とする者であって、右調査に協力することがその職務の内容となっている場合には、右調査に協力することは労働契約上の基本的義務である労務提供義務の履行そのものであるから、右調査に協力すべき義務を負うものといわなければならないが、右以外の場合には、調査対象である違反行為の性質、内容、当該労働者の右違反行為見聞の機会と職務執行との関連性、より適切な調査方法の有無等諸般の事情から総合的に判断して、右調査に協力することが労務提供義務を履行するうえで必要かつ合理的であると認められない限り、右調査協力義務を負うことはないものと解するのが、相当である」（最高裁昭和52年12月13日付第三小法廷判決〔富士重工業事件〕）と判示しています。

これを整理すると、まずは、ⓐ調査対象となる従業員が懲戒事由に該当する行為を行った疑いのある本人の場合には、調査の必要性と相当性が認められる限り、調査協力義務を負います。

次に、ⓑ調査対象となる従業員が懲戒事由に該当する行為を行った疑いのある本人以外である場合には、㋐当該労働者が他の労働者に対する指導、監督ないし企業秩序の維持などを職責とする者であって、右調査に協力することがその職務の内容となっている場合には、調査協力義務を負うことになりますが、㋑それ以外の場合には、調査対象である違反行為の性質、内容、当該労働者の右違反行為見聞の機会と職務執行との関連性、より適切な調査方法の有無等諸般の事情から総合的に判断して、右調査に協力することが労務提供義務を履行するうえで必要かつ合理的である場合には、調査協力義務を負うことになります。この点については、一般的に従業員の調査協力義務が認められるような記載の仕方をしている文献も見受けられますが、最高裁判所の判例に従うと、もう少し慎重な場合分けによって、調査協力義務の範囲を設定しているので、注意が必要なところだと思います。

実際には、雇用契約書や就業規則の具体的な規定に基づいて、社内調査への協力を促していくことが現実的ですが、適切な規定がない場合には上記の内容を踏まえて判断することになります。

③　派遣社員・出向社員

派遣社員や出向社員は、派遣契約や出向契約に基づいて、従業員と同様の調査協力義務が認められますので、それらを根拠として、社内調査への協力を促していきます。

④　取引先

取引先については、個別の契約で調査協力義務まで課していることは少ないと思います。そのため、取引先との契約内容に応じて、個別に調査協力義務を導けないかを検討したうえで、自社の社内調査に協力するよう要請していきます。

⑤　退職した従業員

雇用契約書や就業規則で退職後も調査協力義務を課している場合や、退職時に退職後も社内調査への協力要請があれば協力する旨の誓約書を提出してもらっている場合には、それらを根拠として調査への協力を要請していきます。

他方で、これらがない場合には悩ましい状況になります。従業員の調査協力義務は従業員の地位があることが前提になるので、従業員の地位を失った退職者には一般的な調査協力義務はありません。そのため、この場合には任意の協力をお願いすることになります。

⑥　退職した役員

前述したとおり、会社と役員の関係は、委任です。そして、民法645条は「受任者は、委任者の請求があるときは、いつでも委任事務の処理の状況を報告し、委任が終了した後は、遅滞なくその経過及び結果を報告しなければならない」と定め、契約終了後においても、受任者には一定の報告義務を定めているので、この規定を根拠に社内調査に対する協力を促していきます。

⑶　社内調査を進める際のスタンス

社内調査を進める際のスタンスについて、参考になる裁判例があります。誹謗中傷メールを送信した疑いのある従業員の電子メールを閲覧・調査したとして、対象とされた従業員が会社に対して不法行為に基づく損害賠償請求を行った事例で、裁判所は、「企業は、具体的な規則を定めるまでもなく当然のこととして、企業秩序を維持確保するため、具体的に労働者に指示、命令することができ、また、企業秩序に違反する行為があった場合には、その違反行為の内容、態様、程度等を明らかにして、乱された企業秩序の回復に必要な業務上の指示、命令を発し、又は違反者に対し制裁として懲戒処分を行うため、事実関係の調査をすることができる」として、「上記調査や命令も、それが企業の円滑な運営上必要かつ合理的なものであること、その方法態様が労働者の人格や自由に対する行きすぎた支配や拘束ではないことを要し、調査等の必要性を欠いたり、調査の態様等が社会的に許容しうる限界を超えていると認められる場合には労働者の精神的自由を侵害した違法な行為として不法行為を構成することがある」（東京地裁平成14年２月26日付判決〔日経クイック情報事件〕）との判断を示しています。

この裁判例を前提にすると、不祥事が疑われたり、不祥事が発生した場合に、企業は調査できるものの、一定の範囲を超えた場合には違法になる場合があるということになります。従業員からインタビュー調査をする際に威圧的な方法をとったり、具体的な嫌疑がないにもかかわらず繰り返しインタビュー調査をしたり、または従業員が個人的に保有している手帳を本人の承諾を得ずに盗み見たりしてしまうと、許される範囲を超えた違法な調査と判断される可能性があります。

ただ、実際に個々の場面で判断するのは簡単ではありません。「先生、調査を行う際の注意点はありますか」とか、「調査に際して、〇〇をしてもよいのですか？」と尋ねられることも多いのですが、回答としては、「個別に判断に迷う場面もあると思いますが、①調査の必要性と、②調査の相当性（目的と手法）をチェックして、社会的に許容されそうであれば、問題ないと思います。それでも判断に迷う場合には個別にご相談ください」と説明して、[表16]（社内調査の適法性のチェック項目）の基準を伝えています。社内調査は、どうしても加減がわからず、やり過ぎることも多い場面ですが、「必要性」と「相当性」を意識しながら対応を進めることで、適法な調査を行うことが可能になります。

[表16]　社内調査の適法性のチェック項目

	項目		内容
1	必要性		必要性が認められるか
2	相当性	目的	合理的な目的に基づくか
		手法	社会的に相当な程度か

対象者の権利を侵害する可能性がある場合には
可能な限り任意の承諾を得る

5. 物的証拠の収集

物的証拠の収集については、前述したとおり、公権力による捜査や調査が行われる不祥事か否かを見極めたうえで、その可能性がある場合には、企業も慎重に対応し、独自の捜査や調査は控えなければならない場合も多いと思います。そのため、ここからの説明は、公権力による捜査や調査が進んでおらず、独自に社内調査を行うことが可能な場合の要点になりますので、それを前提にご確認ください。以下、調査対象ごとに説明します。

(1) 調査対象者が使用している机やロッカー

対象者が使用している机やロッカーは、重要な関係資料が残置されている可能性の高い場所です。これらは企業の備品であることが多いと思います。企業の備品であれば、企業に所有権があるので、対象者の許諾を得ずに調査を進めることができるはずです。

しかし、机やロッカーの中身については、対象者のプライバシー保護の観点から注意が必要です。裁判例でも、企業が対象となる従業員に無断でロッカーを開けて私物の手帳を写真撮影した行為について、従業員のプライバシーを侵害したと認めたものがあります（最高裁平成7年9月5日付判決〔関西電力事件〕）。

そのため、対象者の机やロッカーを調査する場合には、後日、違法な調査だったと指摘を受けても対抗できるように、①対象者の任意の承諾を得て進めること、②対象者の立合いのもとで行うことを前提とし、かつ、違法な調査だったと指摘された場合に当時の様子を適切に説明できるようにしておくためにも、③調査は複数名で行うこと、④調査の過程を静止画で撮影しておくこと、⑤調査過程を動画で録画しておく等の工夫をしながら進めてください。

(2) 企業が貸与している PC やスマートフォン等の電子機器

企業が役員や従業員に貸与している PC やスマートフォン等の電子機器について、「会社が返還を求めて中身を調査してもよいのでしょうか？」と質問されることがあります。

これらの電子機器についても、企業の備品である机やロッカーの場合と同様に考えることができます。電子機器本体については、企業に所有権がありますが、企業が明確な私的利用を禁止していない場合、内蔵するデータについては調査対象者のプライバシー保護の観点から配慮が求められます。

そのため、可能であれば、平時から、①社内規程に会社が貸与している PC やスマートフォン等の電子機器について「一切の私的利用を禁止する」と明確に規定するとともに、②会社が貸与している電子機器については、会社が必要に応じて回収して内部のデータを分析することがある旨を規定し、さらに、③貸与する時点でも、同意する旨の一筆を取得しておくようにしてください。

また、実際にこれらの電子機器を調査する際にも、後日、違法な調査だったと言われないようにするために、対象者の机やロッカーを調査する場合に述べたのと同様の配慮をしながら進めるようにしてください。

さらに、調査対象のデータが膨大な場合や、すでに電子データを削除してしまっていることが疑われる場合には、電子データの収集前の段階から、デジタルフォレンジックの専門業者に依頼しながら対応を進めることも検討してください。

(3) 調査対象者が所有する鞄の内容物（所持品検査）

調査対象者が所有する鞄の内容物については、所持品検査の可否が問題になります。乗務員による乗車賃の不正隠匿の摘発や防止のために所持品検査が行われた事案において、所持品検査は、「その性質上つねに人権侵害のおそれを伴うものであるから、たとえ、それが企業の経営・維持にとって必要かつ効果的な措置であり、他の同種の企業において多く行われるところであるとしても、また、それが労働基準法所定の手続を経て作成・変更された就業規則の条項に基づいて行われ、これについて従業員組合または当該職場従業員の過半数の同意があるとしても、このことをもって、当然に適法視されるものではない。問題は、その検査の方法ないし程度であって、所持品検査は、これを必要とする合理的理由に基づいて、一般的に妥当な方法と程度で、しかも制度として、職場従業員に対して画一的に実施されるものでなければならない。そして、このようなものとしての所持品検査が、就業規則その他、明示の根拠に基づいて行われるときは、他にそれに代わるべき措置をとりうる余地が絶無でないとしても、従業員は、個別的な場合にその方法や程度が妥当を欠く等、特段の事情がない限り、検査に受忍すべき義務があり、かく解しても所論憲法の条項に反するものでない」（最高裁判所昭和43年８月２日付判決〔西日本鉄道事件〕）と判示した判例があります。

この判例を前提にすると、所持品検査が適法であると判断されるための要件としては、[表17]（適法な所持品検査と認められるための要件）に整理した4つの要件を満たさなければならないことになります。この判例は、一斉に所持品検査を行った場合の判断なので、特定かつ一部の従業員のみを対象として行うときには、「3」以外の要件を慎重に吟味したうえで、ケースバイケースで適法性が判断されることになります。

[表17]　適法な所持品検査と認められるための要件

	要　件
1	所持品検査を必要とする合理的理由があること
2	一般的に妥当な方法と程度で行われること
3	制度として、職場従業員に対して画一的に実施されること
4	就業規則その他、明示の根拠に基づいて行われること

(4)　調査対象者が所有するPCやスマートフォン等の電子機器

調査対象者が私物のPCやスマートフォン等を使用して不適切な行為を行っていた疑いがある場合に、調査対象者に対して私物のPCやスマートフォン等を提出させられるかは、悩ましい問題です。

不正行為を行う場合には、行為者も警戒して、会社のPCやスマートフォン等を使用せずに、私物のPCやスマートフォン等で、社内外の協力者と不正行為に関する連絡を取り合っていることのほうがむしろ多いかもしれません。

しかし、これらの私物は、従業員が所有権を有していますので、従業員の同意なく、私物を取り上げることはできません。

何らかの嫌疑をかけられているにもかかわらず、私物のPCやスマートフォン等の提出に非協力的な調査対象者に対しては「自らの潔白を証明するためにも提出して調査に協力するのが最善の方法である」と説明して協力を促してください。

任意で提出してくれた場合には「承諾書」や「同意書」の形式で、真に同意を得たことを記録に残しておくようにしてください。また、調査の過程で、損傷させてしまうと、また別の問題が生じますので、預かった際の状況を写真や動画等で撮影して記録化しておくと良いと思います。

⑸ 稟議書・議事録・会議メモ・引継書・会計書類・契約書類等

稟議書等の社内資料も重要な証拠になる場合があります。これらの書類は、廃棄されたり、改ざんされたりするおそれもあるので、原本を確保するとともに、可能な限り早い段階で、不祥事に関係しそうな書類はすべて網羅的に収集しておくくらいの姿勢で、一気に収集するように努めてください。

⑹ 調査対象者の手帳・日記・ノート・対象者や家族名義の預貯金通帳等

調査対象者の手帳・日記・ノート等も重要な証拠になる場合があります。これらは対象者の所有物なので、任意に提出してもらわない限りは、強制的に収集することはできません。ここに社内調査としての限界があります。刑事事件では、捜査機関は裁判所の発令する捜索差押許可状があれば、強制的に押収したりできるのですが、社内調査はあくまで民事事件の範疇で進めなければなりませんので、任意での提出をお願いする形になります。たまに、「対象者が任意に提出してくれないのですが、どうしたらよいのでしょうか？」と尋ねられることがあります。その場合の方策としては、①全部の提出はできなくても一部だけでも提出してもらう、②一部の提出すらできない場合にはできない理由を説明してもらう、③その理由の説明が合理的ではない場合にはその姿勢が人事考課等で不利に扱われる可能性があることを指摘し、対応の改善を促すといったことが考えられます。

⑺ 会社の PC を利用して送受信している調査対象者のメール

相談者から、「会社の PC で送受信している従業員のメールを無断で確認してしまってもよいのでしょうか？」と尋ねられることがあります。

結論としては、企業はメールをチェックできますが、無制限かつ無限定なチェックは調査対象者のプライバシーを侵害するものとして違法になる可能性があるため、注意が必要です。

もう少し説明させていただきます。私用メールを企業が無断で閲読したことを理由として、企業に損害賠償を請求した事例で、裁判所は、会社が提供するメールアドレスが社内で公開されており、パスワードも各人の氏名がそのまま用いられていた等の状況のもとで、「従業員が社内ネットワークシステムを用いて電子メールを私的に使用する場合に期待し得るプライバシーの保護の範囲は、通常の電話装置における場合よりも相当程度低減されることを甘受すべきであり、職務上従業員の電子メールの私的使用を監視するような責任ある立場にない者が監視した場合、あるいは、責任ある立場にある者でも、これを監視する職務上の合理的必要性が全くないのに専ら個人的な好奇心等から監視した場合あるいは社内の管理部署その他の社内の第三者に対して監視の事実を秘匿したまま個人の恣意に基づく手段方法により監視した場合など、監視の目的、手段及びその態様等を総合考慮し、監視される側に生じた不利益とを比較衡量の上、社会通念上相当な範囲を逸脱した監視がなされた場合に限り、プライバシー権の侵害となると解するのが相当である」（東京地方裁判所平成13年12月3日付判決〔F社Z事業部（電子メール）事件〕／下線は著者）と判断しています。

すなわち、従業員のメールのチェックに関して、この裁判例は、①職務上従業員の電子メールの私的使用を監視する立場にある者が監視すること、②メールの私的使用を監視する職務上の合理的必要性が存在すること、③適正な手続に基づき適切な方法で監視すること等を考慮したうえで、監視される従業員の被る不利益の程度と比較衡量し、監視・調査活動の相当性を判断するとの判断基準を示していますので、これら①②③の各内容を検討し、説明できる資料を揃えたうえで実施する必要があります。

調査の場面では、まずは調査対象者から任意の承諾を得たうえで進めることになろうかと思いますが、従業員からの抵抗も予想されるところです。そのため、いざとなったときに調査を進めやすくするために、平常時から、社内規程に「会社が貸与したPCや電子メールを業務外で使用してはならないこと」や、「会社はPCや電子メールの使用状況を日常的に監視しており必要に応じて調査すること」を定めておく必要があります。

6. 人的証拠の収集

人的証拠を収集するための方法は、調査対象者からのインタビュー調査です。

調査対象者に対するインタビューによって、客観的な資料だけだとわからなかった動機や、目的、経緯の詳細を確認して明らかにしていきます。

物的証拠の確認や検討は、対象物をさまざまな角度で観察し、検証する作業なので、誰が行うかによって成果にそれほど大きな差異は生じません。他方で、人的証拠の場合には、インタビューを行う質問者の経験や力量により、すなわち誰が行うかによって成果に差異が生じる場合があります。以下では、効果的なインタビューを実施するためのコツや、よく受ける質問について、説明させていただきます。

(1) インタビューに向けた準備

効果的なインタビューを実施するために、実施に先立ちあらかじめ確認しておいていただきたい項目は、以下のとおりです。

① 複数名で実施すること

インタビューは複数名で実施すべきです。１名だと、言い間違いや誤解に気づかずに進めてしまう場合もありますし、質問と回答の矛盾に気づけない場合もあります。また、後に供述の任意性が争われた場合にも、複数名で実施していれば、１名が証人になることもできます。

複数名で実施するとして、何名で実施するかについての決まりはありませんが、２名～３名で実施するのが良いと思います。

また、複数名で実施する場合には、役割を明確にしておく必要があります。たとえば、2名の場合には主任・補佐とし、3名の場合には、主任・補佐・記録係といった感じです。営業職や技術職など、職務内容が異なる分野について質問しなければならない場合には、質問内容ごとに担当を分ける方法もあります。

他方で、4名～6名とか、あまり多くの人数で取り囲むように進めるのは望ましくありません。威圧的に詰問され、自由に回答できなかったなど、余計な揉め事の種を撒くことになりかねません。それにもかかわらず、どうしても多くの人数がかかわる必要がある場合には、レイアウトに注意してください。たとえば、2～3名の質問者だけが調査対象者の視界に入る位置に座り、それ以外の人は調査対象者の視界に入らない位置に座ったりする等、調査対象者が供述しやすいように配慮してください。

② 調査対象者を漏れなくピックアップすること

調査対象者の人選についても、漏れなくピックアップするように努めてください。具体的には、不祥事に関係する当事者や関係者（関係しそうな人も含みます）をすべてリストアップして、「氏名」、「住所」、「自宅の電話番号」、「携帯電話番号」、「メールアドレス」、「経歴・職歴」など可能な限りの情報を整理していきます。最初はとにかく広くピックアップしたうえで、その後、必要性に応じて絞り込む流れで作業を進めると良いと思います。

③ 調査対象者が複数いる場合には同時並行的に行うこと

調査対象者が複数いる場合には、できる限り同時並行的にインタビューを実施してください。人的な体制が整わずに同時並行的に進めることが難しい場合でも、可能な限り短期間に集中して一気に進めるようにしてください。そうすることで、口裏合わせをしたり、辻褄合わせをしたり、証拠資料を隠滅することを防ぐことができるからです。

④　適した場所を確保すること

可能であれば、テレビの刑事ドラマに出てくる取調室のような圧迫感のある場所は避けてください。後日、「圧迫感のある場所で詰問されて、ついつい記憶と違うことを言ってしまって……」等の言い訳に使われることもあり得るからです。参加者で一杯になるような狭い場所ではなく、ゆとりのある会議室などを用意するようにしてください。会社に適切な場所がない場合には、貸し会議室利用も検討してください。

⑤　獲得目標を明確にして臨むこと

話を聞いてみて出たとこ勝負という進行だと、インタビューで良い成果を得ることはできません。事前に獲得目標を明確にして、具体的な質問内容や質問順序を考えたうえで、インタビューを実施してください。特に、後日、関係者の法的責任の有無が問題になりそうな場合には、関係する法令の定める要件事実をインタビューで確認しておく必要があります。あらかじめ弁護士にも相談し、インタビューで尋ねるべきポイントと、獲得目標を整理したうえで臨むようにしてください。

⑥　質問事項メモを用意すること

質問事項メモを用意したうえで、インタビューを実施したほうが良い成果につながります。質問したい内容だけではなく、質問する順番も考えながら、質問事項メモを作成し、そのメモに従って質問を進めていってください。何度も同一人物に対してインタビューをすることは望ましくありません。一度インタビューを実施してしまうと、調査対象者に質問の意図を予測されてしまうため、言い逃れのきっかけを与えてしまうからです。インタビューは一度きりと考え、聞き漏れがないように質問事項メモを用意して、万全の準備のもとで実施してください。

⑦　インタビューで確認する資料を順番に整理しておくこと

インタビューの流れに沿ってタイミングよく資料を出せるように、事前に資料も整理して、使用する順番に並べておくようにしてください。その場で「あれ？　あの資料はどこだっけ？」とか、「どこかに○○と書いてあったはずなんだけど……」と、その場で確認をする暇はありませんし、質問者の準備が不十分だと、調査対象者に精神的な余裕を与えてしまうことになりかねません。

⑧　必要になるかもしれない資料を手元に準備しておくこと

質問事項メモとは別に、事実関係の流れを確認するための「時系列表」や、登場する人物の相関関係を示す「人物関係図」や、対象者の組織内の位置づけを示す「組織図」などもあらかじめ用意しておくと、迷った場合にも適宜参照できるので良いと思います。

⑨　録音・録画機材を用意しておくこと

インタビュー結果を録音・録画するための機材を用意したうえで、事前にリハーサルというか試し録音や録画をしておいてください。実際にインタビューを実施する場所で試しておくのがベストです。どれくらいの距離で、どれくらいの声で話せば、どのように録音されるのかといったことは事前に確認しておいてください。

⑩　調査対象者が録音したいと申し出た場合

調査対象者から、「録音してもよいですか？」と尋ねられた場合に、どう対応するかをあらかじめ決めておいたほうが良いと思います。インタビューの実施は、あくまで企業が業務として主催する機会なので、何かよからぬ目的で悪用される可能性があったり、第三者の権利を侵害する可能性がある場合には、断っていただいても問題ありません。

⑪　調査対象者が弁護士の立合いを求めてきた場合

調査対象者が、自分の代理人である弁護士の立合いを求めてくることもあるので、どう対応するかも検討しておいたほうが良いと思います。インタビューの実施は、あくまで企業が業務として主催する機会なので、断っていただいても問題ありません。

(2)　インタビューの具体的な進め方

インタビューの具体的な進め方についても、さまざまな方法があり得ます。ここでは、オーソドックスな一例を紹介させていただきますので、この内容を参考にしつつ、やりやすい方法を確立してください。

①　インタビューを実施することになった背景等の説明

冒頭で、インタビューを実施することになった背景をある程度説明します。「ある程度」というのがポイントです。ここで、インタビューの背景にある企業側の意図をすべて伝えてしまうと、インタビューが功を奏しない場合もあるので、あくまで、調査対象者の警戒心を緩解するために必要な程度のあたりさわりのない説明を行う程度に留めてください。

②　録音についても説明して同意を得ること

次に、インタビュー内容の録音についてです。あえて録音することを告げずに録音することもありますが、そのような方法を採ると、後日、調査対象者から、「秘密裏に録音されて人権を侵害された」というクレームが入る可能性があります。

この点に関して、無断録音された録音テープの証拠能力が争われた裁判例があるので紹介します。どのような事例かというと、相手の会社の人事課長を銀座の料亭に招いて接待しながら、自分たちにとって有利な供述を得られるように誘導的な質問を行い、その会話の音声を、襖を隔てた隣の部屋で録音して得られた録音テープの証拠能力が争われた事例です。裁判所は、「証拠が、著しく反社会的な手段を用いて人の精神的肉体的自由を拘束する等の人格権侵害を伴う方法によって採集されたものであるときは、それ自体違法の評価を受け、その証拠能力を否定されてもやむを得ないものというべきである」と述べたうえで、「話者の同意なくしてなされた録音テープは、通常話者の一般的人格権の侵害となり得ることは明らかであるから、その証拠能力の適否の判定に当っては、その録音の手段方法が著しく反社会的と認められるか否かを基準とすべきものと解するのが相当であり、これを本件についてみるに、右録音は、酒席における○○らの発言供述を、単に同人ら不知の間に録取したものであるにとどまり、いまだ同人らの人格権を著しく反社会的な手段方法で侵害したものということはできないから、右録音テープは、証拠能力を有するものと認めるべきである」(東京高裁昭和52年7月15日付判決／○○は著者が改変)と判示して、無断録音された録音テープの証拠能力を肯定しました。

この裁判例を前提にすると、秘密録音をしても問題ないように受け止められかねませんが、調査対象者が、「会社を信じて供述したのに、秘密に録音しているなんて酷い。信頼が裏切られたし、秘密に録音されて精神的な苦痛を被った」と主張して、企業に対して慰謝料請求をしてきた場合の帰趨については明らかではありませんし、何よりフェアではなくコンプライアンスに違反する可能性も高いので、企業が行う対応としては望ましくないとの意見も多いところです。

そのため、あえて秘密にしたまま録音しなければ意味をなさないようなインタビューでない限りは、事前に、「録音して、記録に残し、今後の対応を検討する際の資料にさせていただきます。録音されていることを前提にして供述してください」といった前置きをしたうえで、正々堂々と録音したほうがよいと思います。

③　インタビュー中の応答のルール説明

続いて、質問者からの質問に対して、調査対象者が回答していく流れで進めていくこと、質問に不明点があれば遠慮なく聞き返してもらってよいこと、記憶にないことは、「記憶にありません」と述べ、無理に答える必要はないこと、答えたくないことは理由とともに「答えたくありません」と回答してもらっても問題ないこと、それ以外に質問者の質問に対して、関連する事項で話しておきたい事柄がある場合にはそれを説明してもらいたいことといった、インタビューにおける応答のルールに関することも説明しておきます。

④　不利益に扱われうることの告知

最後に、調査対象者に対して、虚偽の内容を説明した場合には、懲戒処分等を含めた不利益処分を受ける可能性がある旨を伝え、具体的な質問に入っていきます。この場面で事前に嘘を言わない旨の「誓約書」を用意しておいて、その場で署名押印してもらうと、より効果が期待できると思います。ここまでが、インタビューの実施に関する手続的な説明になります。

⑤　経歴・職位・職務内容・組織図上の立場等の一般的な事項の確認

ここからは具体的な質問内容に関する話になります。具体的な出来事に関する質問をする前に、調査対象者の経歴、現在の職位、現在の職務内容、組織図上の立場等の一般的な質問から始めていきます。その際には、対象者の「雇用契約書」「入社時誓約書」「履歴書」「組織図」などを手元に置きながら話を進めていくと、確認が必要な場面ですぐに確認できるので有益です。

なお、これらの質問は、調査対象者も問題なく答えられる事柄なので、調査対象者の緊張や警戒を解く効果も期待できると思いますし、この過程で、調査対象者の過去の業績、出身地、出身校、趣味などに共感を示すことができると、より和やかな雰囲気を醸し出すこともできるかと思いますので、その時々の状況に応じて工夫しながら、進めてください。

⑥　調査対象者の立場と役割に応じた質問

調査対象者の属性に関する前置きの質問をしたうえで、今回の不祥事とのかかわり、類似の出来事の関係などの順で話を聞いていくとよいと思います。

その際に、調査対象者が、今回の不祥事に関して何らかの嫌疑をかけられている人物の場合に、何の前置きもなしに、「あなたが横領したことは知っているので、すべて話してください」と単刀直入にオープンクエスチョン形式で自白を促す人がいますが、逆効果です。質問者の質問の意図が明らかになってしまいますし、このような問いかけに対して調査対象者が、雄弁にありのままの事実を説明してくれる場合のほうが稀だからです。

また、質問の組立てについては、まずは、答えに窮しないような質問をいくつかすることで、調査対象者が答えやすい雰囲気をつくっていき、外堀を埋めつつ、核心に迫っていくような形で組み立てたほうが効果的です。

他方で、参考人的な立場でインタビューを受けている人に対しては「○○についてご存知のことを教えてください」といった抽象的な質問をしたほうが、さまざまな情報を得られる場合もありますので、調査対象者に期待する供述内容や役割に応じて質問の仕方を工夫する姿勢も大切です。

⑦　記録に残していることを前提に質問すること

会話の中で主語と述語が省かれながら会話が進んでしまうことがあります。その場では話がスムースに流れていったようでも、後から録音データを聞き返すと主語が欠落していて、「あれ？　これは誰の行動だったのかな」とわからなくなる場合も多いものです。そのため、質問に際しては、主語と述語を１つひとつ確認しながら質問するように心がけてください。

また、発言者の話の中で「実際にそのようなことがあった」（事実）のか、それとも、「（発言者が）そのようなことがあったと感じた」（評価）のかといった点がわかりづらい場合も多々あります。そのため、事実なのか、それとも感想や評価に過ぎないのかを、確認しながら質疑応答を進めるように努めてください。

さらに、固有名詞に関する質問漏れもよくあります。文字として記録に残す場面のことを意識して、省略を補ったり、表記した場合の漢字などを１つひとつ確認したりしながら、注意深く質問するようにしてください。

⑧　可能な限り誘導しないこと

質問者が、自分の希望する回答内容を明示して、その供述を獲得しようとすることを誘導質問といいます。回答者が「イエス」「ノー」で答えられるような質問です。たとえば、質問者が質問で「○月○日21時頃、あなたは会社で残業していたと思いますが、△△部長が、第１会議室から出てきたのを見ましたか」と尋ねて、調査対象者が「はい」と回答するような場合です。このような質問方式だと、調査回答者が質問者に迎合し、記憶にないことや、事実や記憶に反した回答をする可能性があるため、信用性が疑われます。そのため可能な限り誘導質問は避けてください。

どうすればよいかというと、調査対象者に自らの自由意思で回答してもらうために、短く区切りながら、質問を重ねていきます。質問者は、「○月○日21時頃、あなたは何をしていましたか」と質問し、調査対象者が、「会社で残業していました」と回答する。そのうえで、質問者が、「そのときに、他に残業していた人はいましたか」と尋ね、調査対象者が、「△△部長が残業していたと思います」と回答する。さらに、質問者が、「△△部長を見たのですか」と質問し、調査対象者が、「はい。21時頃、△△部長が、第１会議室から出てくるのを見ました」と回答する。このような流れで、調査対象者の自由意思に基づく発言を引き出していくのです。

⑨　誤導しないこと

質問者が、誤った事実を前提にして質問することを誤導質問といいます。たとえば、対象者が答えていない回答内容を前提にして、質問者が、「先ほど、あなたは○月○日21時頃、☆☆課長に会ったと言いましたけど……」といった形で質問すると誤導質問になります。回答者が、「☆☆課長に会ったとは言っていませんけど」と否定すればよいのですが、もし回答者が、よく考えないで否定せずに、そのまま回答を続けてしまうと、誤った事実を前提にした質問の受け答えになるので、その後の回答の信用性自体が疑われます。

⑩　資料の見せ方

①記憶喚起のために必要な場合、②図面や議事録等の資料そのものの意味合いを確認する場合、③対象者の虚偽の弁解を弾劾するために使用する場合には、資料を見せたうえで質問する必要がありますが、それ以外の場合には、質問者の手持ちの資料を開示せずに進めていきます。手持ちの情報を与えてしまうと、調査対象者が質問者の意図を知ってしまい、それに迎合的な言葉を選んで回答したり、こちらの意図を見透かして回答を用意してしまう場合があるので、注意が必要です。

⑪　いきなり問い詰めないこと

いきなりこちらの手持ちの資料を突き付けて、「この資料があるから、あなたが横領したことは明らかだ。すべて話しなさい」といった形で、いきなり追及してしまう人がいます。追及を行う場合にはタイミングが重要です。特に、インタビューの最初の段階で突き付けてしまうと、「それは、そのような意味じゃなくて……」といった形で言い逃れや、弁解の余地を与えてしまいかねません。質問と回答の連続を繰り返して外堀を埋めていき、最後に、資料を突き付けて回答に窮する質問をし、インタビューを終えるのが理想です。

⑫　詰問したり威圧したりしないこと

インタビューの目的は、調査対象者から自由意思に基づく回答を引き出すことにあります。詰問調の質問や威圧的な質問だと、自由意思に基づく回答を得ることはできません。このような形で企業が意図した供述を引き出したとしても、後になって、強迫されたものなので供述内容を取り消すとか（民法96条１項）、威圧的な雰囲気の中で意図しない供述をさせられて精神的な苦痛を被ったので不法行為に基づき損害賠償を請求する（民法709条）などといわれ、余計な紛争に発展しかねません。詰問したり、威圧することなく、淡々と事実を確認して、対象者の自由な意思に基づく供述を獲得するように努めてください。

⑬　長時間継続しないこと

長時間インタビューを継続することも望ましくありません。インタビューが長時間に及ぶと、調査対象者も疲弊してしまい、後に供述の任意性が争われる可能性が生まれます。

どれくらいの時間が長時間にあたるかは、悩ましい問題です。

たとえば、警察の取り調べ実務に関する「犯罪捜査規範」では、特別な許可がない限り１日８時間以内、基本的に午前５時から午後10時までの日中のみという制限が規定されています（犯罪捜査規範168条３項）。しかし、民間の企業が行うインタビュー調査で１日８時間となると、その日の就労時間のすべてをインタビューに応じさせることになるので、行き過ぎた調査と判断されかねないと思います。

この点に関する具体的なルールはありませんが、いち弁護士としての実務的な感覚では、よほどの事情がない限りは、どんなに長くても４時間程度には抑えておいたほうが無難だと思います。そして、その際にも途中で、調査対象者に休憩の意向を確認し、希望があれば、適当な時間の休憩を入れながら進めるようにしてください。

⑭　任意性が疑われるような行為をしないこと

以上に加えて、より厳格な任意性の確保を要求している「犯罪捜査規範」等の規定内容を参照しておいていただくと、適切なインタビュー調査を行う際の参考になると思いますので、［表18］（「犯罪捜査規範」（抜粋））と［表19］（「被疑者取調べ適正化のための監督に関する規則」3条2号）の内容をご確認ください。インタビュー調査で、調査対象者から質問者の企図する回答が得られれば、スムースに調査も終わりますが、質問者が思ったような回答を引き出せないと、質問者も感情的になってしまい、威圧的な言動で回答を迫ったり、声を荒げてしまったりと、行き過ぎた言動が行われてしまう場合があります。仮に社内調査でこのような行為が行われると、社内調査の任意性が疑われ、企業の責任を問われる可能性も出てきますので、注意してください。

［表18］「犯罪捜査規範」（抜粋）

（取調べの心構え）
第166条　取調べに当たつては、予断を排し、被疑者その他関係者の供述、弁解等の内容のみにとらわれることなく、あくまで真実の発見を目標として行わなければならない。
（取調べにおける留意事項）
第167条　取調べを行うに当たつては、被疑者の動静に注意を払い、被疑者の逃亡及び自殺その他の事故を防止するように注意しなければならない。
2　取調べを行うに当たつては、事前に相手方の年令、性別、境遇、性格等を把握するように努めなければならない。

3　取調べに当たつては、冷静を保ち、感情にはしることなく、被疑者の利益となるべき事情をも明らかにするように努めなければならない。

4　取調べに当たつては、言動に注意し、相手方の年令、性別、境遇、性格等に応じ、その者にふさわしい取扱いをする等その心情を理解して行わなければならない。

5　警察官は、常に相手方の特性に応じた取調べ方法の習得に努め、取調べに当たつては、その者の特性に応じた方法を用いるようにしなければならない。

（任意性の確保）

第168条　取調べを行うに当たつては、強制、拷問、脅迫その他供述の任意性について疑念をいだかれるような方法を用いてはならない。

2　取調べを行うに当たつては、自己が期待し、又は希望する供述を相手方に示唆する等の方法により、みだりに供述を誘導し、供述の代償として利益を供与すべきことを約束し、その他供述の真実性を失わせるおそれのある方法を用いてはならない。

3　取調べは、やむを得ない理由がある場合のほか、深夜に又は長時間にわたり行うことを避けなければならない。この場合において、午後10時から午前５時までの間に、又は１日につき８時間を超えて、被疑者の取調べを行うときは、警察本部長又は警察署長の承認を受けなければならない。

[表19]　「被疑者取調べ適正化のための監督に関する規則」3条2号

	監査対象行為
イ	やむを得ない場合を除き、身体に接触すること。
ロ	直接又は間接的に有形力を行使すること（イに掲げるものを除く。）。
ハ	殊更に不安を覚えさせ、又は困惑させるような言動をすること。
ニ	一定の動作又は姿勢をとるよう不当に要求すること。
ホ	便宜を供与し、又は供与することを申し出、若しくは約束すること。
ヘ	人の尊厳を著しく害するような言動をすること。

⑮　対象者が虚偽の説明や弁解を繰り返す場合

嫌疑のある調査対象者に対するインタビューで、調査対象者が、明らかに辻褄が合わない虚偽の説明や、明らかに自己や第三者の保身のために記憶と異なる説明をしていると思われる場面に出くわすことがあります。そのような場合には、調査対象者に対して、インタビューの途中で、事実を正直に話せば処分の程度が軽くなる等の説明を行うことや、回答内容に関する一定の秘密を確保する旨を約束することで、ありのままの記憶を供述するように促すことも一考です。

⑯　最後に

インタビューで用意した質問事項を聴き終えた後に、「今日話をしたことで、言い間違いや、後から思い出したことがあれば、連絡してほしい」と伝え、引き続き調査への協力を依頼して、インタビューを締めくくるという流れでインタビューを終えます。

7. 情報は分散させずにポジションペーパーに固定していく

調査で収集した資料や、資料から認定した事実は、ポジションペーパーに固定化していきます。ポジションペーパーは、不祥事に関する情報を一元管理するために作成される資料です。[表20]（ポジションペーパー）が一例ですが、このように被害の状況、被害者への対応状況、原因究明の状況、具体的な事実経緯等、すべての情報を１カ所にまとめていきます。

不祥事対応の現場では、即座に資料を確認して、正確な情報を回答しなければならない場面が多々あります。たとえば、記者からの突然の問合せを受けた場面や、早々に被害者に連絡をとらなければならない場面です。そのような場面で、「あれ？　あの資料はどこにあったかな？」とか、「あれ？　あの資料は誰が持っていたのだっけ……」と考えて対応している暇はありません。最初から１カ所に集約しておくことで、即座に対応できる体制を整えておくことが必要になります。そのためにポジションペーパーに情報を集約しておくのです。

すべての対応をポジションペーパーに基づいて行うことで、企業も統一的な対応を行うことが可能になりますし、間違った情報の発信を防ぐことができます。なお、ポジションペーパーを作成する場合には、エビデンスとなる資料についてもファイルに綴じて、整理しておくようにしてください。

[表20]　ポジションペーパーの例

「〇〇〇〇〇〇〇〇〇〇〇」について

作成日時：〇〇年〇〇月〇〇日〇〇時〇〇分
作成者：〇〇〇〇

1．事実の経緯と現況：
〇〇年〇月〇日〇時〇〇分頃　〇〇〇〇〇〇〇〇〇〇〇〇〇〇〇〇
〇〇年〇月〇日〇時〇〇分頃　〇〇〇〇〇〇〇〇〇〇〇〇〇〇〇〇
〇〇年〇月〇日〇時〇〇分頃　〇〇〇〇〇〇〇〇〇〇〇〇〇〇〇〇
〇〇年〇月〇日〇時〇〇分現在　〇〇〇〇〇〇〇〇〇〇〇〇〇〇〇〇

2．経過と今後の対応：

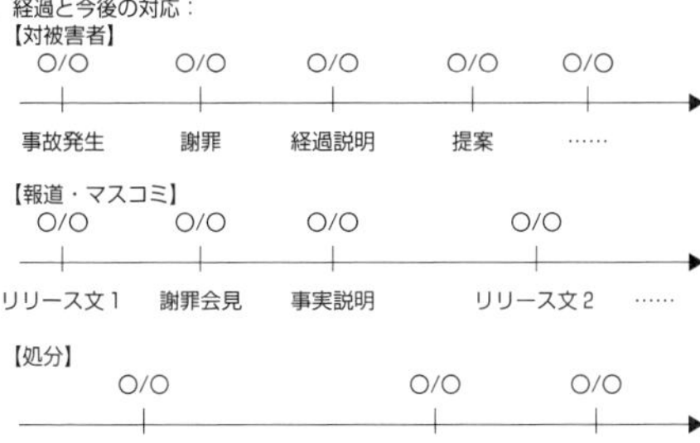

3．原因：
〇〇〇〇〇〇〇〇〇〇〇〇〇〇〇〇〇〇〇〇〇〇〇〇〇〇〇〇〇〇〇

4．対応と対策：
〇月〇日：〇〇〇〇
〇月〇日：〇〇〇〇
〇月〇日：〇〇〇〇

5．今後の見通し：
〇〇〇〇〇〇〇〇〇〇〇〇〇〇〇〇〇〇〇〇〇〇〇〇〇〇〇〇〇〇〇〇
民事上の責任　〇〇〇〇〇〇〇〇〇〇〇〇〇〇〇〇〇〇
刑事上の責任　〇〇〇〇〇〇〇〇〇〇〇〇〇〇〇〇〇〇
その他の影響　〇〇〇〇〇〇〇〇〇〇〇〇〇〇〇〇〇〇

6．問い合わせ先：
住所、電話、FAX、メールアドレス、担当者名を記入

第6章

対応の検討と実施

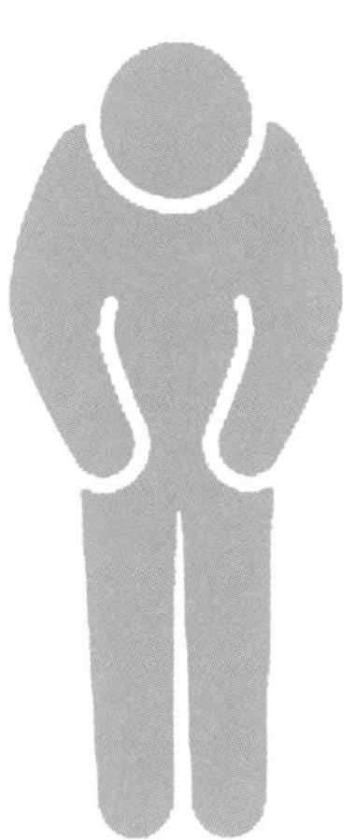

さて、ここからは、調査結果に基づいて、具体的な責任の取り方を検討していく場面になります。

不祥事対応は、世間から失いかけた信頼を回復していくためのプロセスです。世間は、不祥事を起こした企業が、自らどのような責任を取り、誰に、どのような責任を取らせるかを注意深く見守っています。そのため、適切な責任の取り方や取らせ方をしなければ、不祥事を起こした企業が世間の信頼を回復していくことはできません。

具体的な責任内容や程度については、個々の事案に応じたケースバイケースの判断に委ねざるを得ないため、本書では、誰に、どのような種類の責任が生じるかについて、概括的な説明にとどめますが、この大枠を抑えておくことで検討すべき視点や項目の漏れを防ぐことができますので、参考にしてください。

1.　3つの観点から考える

不祥事を起こした企業は世間からの信頼を失い、それを回復しなければ、存続も危ぶまれます。今後の対応を検討するに際してもつべき視点は、次の3つです。

【図21】　3つの観点からの判断

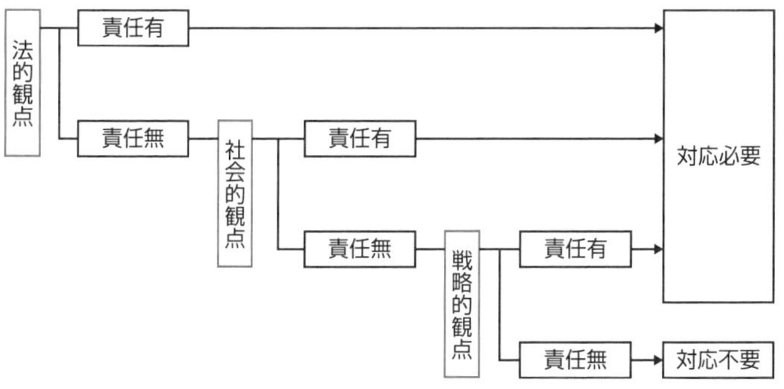

(1)　法的観点

1番目は法的観点です。原因究明で明らかになった事実に照らして、法的にみて、誰にどのような責任が発生するのかを検討します。法令や規則、判例実務、その他の行動準則によって、ある程度の基準が導かれる部分ですので、これが出発点になります。

(2)　社会的観点

2番目は社会的観点です。企業も社会の一員である以上は、社会に対して責任を負っています。企業が存続し、成長を許されるのは、社会に貢献する存在として認められているからです。不祥事を起こした企業は、社会から付託された要請に違反しています。言い換えると社会からの信頼を裏切ってしまっているのです。そのため、法的にみて責任が認められない点についても、倫理的または道義的な観点から自らの責任を考え、その責任をどう果たしていくかを検討して、対応を進める必要があります。

(3) 戦略的観点

3番目は戦略的観点です。不祥事を起こした企業は、社会から注目を浴びています。具体的な対応を行う場面で、適切な対応を行うことができなければ社会からさらなる反感を買うことも危惧されます。逆に、適切な対応を行うことができれば、失われている信頼の回復に繋がることが期待されます。そのため、具体的な処分が世間にどう受け止められて、共感を得られるものであるかどうか、戦略的な観点からみて責任のとり方を判断していく必要があります。

2. 不祥事を起こした従業員の責任

発生した不祥事に関与した従業員の責任を検討する必要があります。具体的な責任の内容は、不祥事の内容や程度によって異なるので、ケースバイケースです。

検討すべき項目としては、【図22】（不祥事を起こした行為者に生じる責任）に記載しているように、刑事責任、民事責任、労働契約上の責任という3つの観点を漏れずに検討していきます。以下では、それぞれについて、どのような責任が生じるかを概括的に説明します。

【図22】 不祥事を起こした行為者に生じる責任

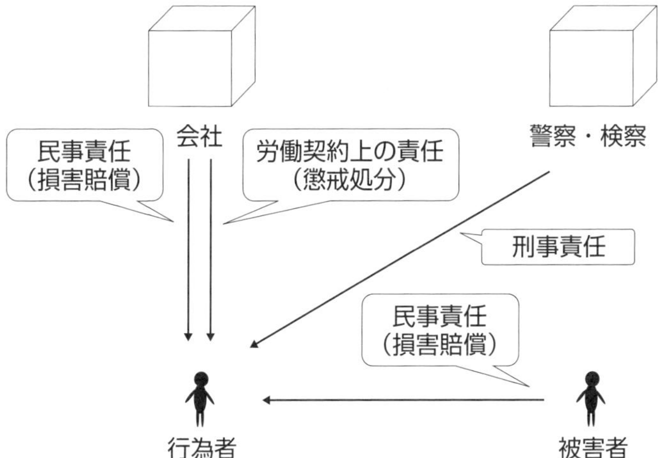

(1) 刑事責任

まず、不祥事を起こした行為者の行為態様が刑事犯罪に該当する場合には、刑事手続が進行することがあります。その行為者が所属する組織に当事者性が認められない場合であっても、その組織の中の一定の立場や役割の人は、参考人として取り調べられたり、事情聴取を受けたりすることになるので、捜査機関から事情聴取等の要請があった場合には、組織としても対応を強いられることになります。

なお、不祥事を起こした従業員の処遇に関して、よく受けるのは「従業員が逮捕されたので、解雇してしまってもよいですか」という質問です。

多くの企業の就業規則で「社員が犯罪行為をしたこと」を懲戒処分該当事由として掲げていることもあって、「逮捕された以上は、即、懲戒処分だ」と短絡的に考えてしまうからだと思いますが、ここは一歩踏み留まっていただく必要があります。

すなわち、日本の刑事手続には、「何人も有罪と宣告されるまでは無罪と推定される」（無罪推定の原則）といった大原則があり、刑事訴訟法336条も、「被告事件が罪とならないとき、又は被告事件について犯罪の証明がないときは、判決で無罪の言渡をしなければならない」と規定していますので、この考え方に倣って対応していただく必要があります。

捜査機関に身柄を拘束されただけでは、有罪判決を受けたわけでもないし、科せられる刑が確定したわけでもなく、逆に無罪になる可能性もあるので、懲戒処分については最終的に刑がどうなるかを見定めてから決定すべきということになります。

⑵ 民事責任

次に、不祥事を起こした行為者に生じる民事責任についてです。不祥事の内容によりますが、被害者がいる場合には、被害者に対する損害賠償責任が発生します。また、不祥事を起こした行為者には、その属する企業に対する損害賠償責任も発生します。

① 被害者に対する損害賠償責任

従業員の行為が被害者に対する不法行為（民法709条）に該当する場合には、従業員個人も被害者に対して損害賠償責任を負担することになります。

② 企業に対する損害賠償責任

ⓐ 企業の従業員に対する損害賠償請求や求償の可否

不祥事を起こした従業員が、所属する企業に対して、どのような法的根拠に基づき責任を負うかについては、以下のように整理できます。

従業員に故意または過失があった場合には、従業員には、企業に対して、債務不履行（民法415条）または不法行為（民法709条）に基づく損害賠償責任が発生します。

また、仮に企業が使用者責任（民法715条１項）に基づいて、被害者等に生じた損害を賠償した場合には、企業は従業員に対しその支払った分を求償できるので（民法715条３項）、従業員は、企業からの求償にも一定の範囲で応じなければなりません。ここで「一定の範囲」としたのは、企業からの求償権の行使は、一定の範囲に制限されるという判例の考えがあるからです。具体的には、「使用者がその事業の執行につきなされた被用者の加害行為により、直接損害を被り又は使用者としての損害賠償責任を負担したことに基づき損害を被った場合には、使用者は、その事業の性格、規模、施設の状況、被用者の業務内容、労働条件、勤務態度、加害行為の態度、加害行為の予防若しくは損失の分散についての使用者の配慮の程度その他諸般の事情に照らし、損害の公平な分担という見地から信義則上相当と認められる限度において被用者に対し右損害の賠償又は求償の請求をすることができるものと解すべきである」（最高裁昭和51年７月８日付判決〔茨城石炭商事事件〕）と判示し、使用者は従業員に重過失がある場合にのみ損害賠償を請求しうるとしたうえで、損害額の４分の１に限って賠償責任を認めると判断した判例があります。

ⓑ　賃金からの相殺の可否

企業が不祥事を起こした従業員に対して、一定の範囲で損害賠償請求を行うことができるとして、この損害金を賃金から相殺できるか否かについてもよく尋ねられます。この点については、労働基準法24条１項が、「賃金は、通貨で、直接労働者に、その全額を支払わなければならない」と定めている関係で、企業の従業員に対する損害賠償請求権と従業員の企業に対する賃金請求権との相殺は認められないと考えられています。

すなわち、同法の「賃金全額払の原則」の趣旨について、判例は、「使用者が一方的に賃金を控除することを禁止し、もって労働者に賃金の全額を確実に受領させ、労働者の経済生活を脅かすことのないようにしてその保護を図ろうとするものというべきであるから、使用者が労働者に対して有する債権をもって労働者の賃金債権と相殺することを禁止する趣旨をも包含するものである」（最高裁平成２年11月26日付判決〔日新製鋼事件〕）と判断しています。

ⓒ　相殺合意を行う際の注意点

さらに、企業と従業員との間で、企業が不祥事を起こした従業員に対して有する損害賠償請求権と、従業員が企業に対して有する賃金請求権を対当額で相殺することを合意する場合がありますが、注意が必要です。

この点について、判例は、「労働者がその自由な意思に基づき右相殺に同意した場合においては、右同意が労働者の自由な意思に基づいてされたものであると認めるに足りる合理的な理由が客観的に存在するときは」労働基準法24条1項の規定に違反しないと判断していますが（最高裁平成2年11月26日付判決〔日新製鋼事件〕）、従業員が真に自由意思で相殺合意を行ったのか否かについては、実務上も争いになることの多い場面です。

企業が従業員に対して威圧的に同意を求めてはいけないことはもちろんとして、相殺合意をする際には、内容を書面に記載したうえで、丁寧に内容を説明し、署名押印してもらう必要があります。また、後日、争われないようにするためにも、その際のやりとりを録音したり、録画したりして記録に残しておくことが有益です。

ⓓ　賞与の不支給や減額

不祥事を起こした従業員に対する賞与を不支給にしたり、減額したりすることが可能か否かについてもよく尋ねられますが、就業規則等に賞与の支給基準が明確に定められているか否かによって結論は異なります。

就業規則等に賞与の支給基準が明確に定められている場合には、企業はその基準に従って賞与の支給の可否を検討しなければなりません。他方で、就業規則等に賞与の支給基準が明確に定められていない場合には、賞与を不支給にしたり、減額したりすることも可能になります。

ⓔ　退職金の不支給

不祥事を起こした従業員に対する退職金の不支給を検討する場合もありますが、退職金は賃金の後払い的な性格も有しているため、慎重な検討が必要です。

具体的には、それまで従業員が勤続して積み上げてきた功績を打ち消す、または減殺するほどの不祥事と評価される場合に初めて退職金の不支給を検討することになります。

なお、退職金の支給時期についてですが、退職金支給規程で、調査が完了するまでは退職金の支給を留保することができる旨を定めておいたほうが望ましいので、規定の有無を確認し、規定がない場合には、規定の追加をご検討ください。

⑶　労働契約上の責任（懲戒処分）

就業規則がある場合には、就業規則を確認して、訓戒・戒告・けん責、減給、出勤停止、降職・降格、諭旨解雇、懲戒解雇など種別に応じて該当する懲戒処分を検討することになります。懲戒処分については、労働契約法15条が、「使用者が労働者を懲戒することができる場合において、当該懲戒が、当該懲戒に係る労働者の行為の性質及び態様その他の事情に照らして、客観的に合理的な理由を欠き、社会通念上相当であると認められない場合は、その権利を濫用したものとして、当該懲戒は、無効とする」と定めているので、原因調査の結果に基づいて認定された事実経緯に照らして、その処分を行うことに合理的な理由があり、社会通念上相当であるかを検討して進めることになります。

また、具体的な事案に即して、当該懲戒処分が社会通念上相当な処分であるか否かの相談を受ける機会も多々ありますが、社内における過去事例があればそれを参考にしたり、社内に参考になる過去事例がない場合には他社の事例を参考にしたりしながら、検討していきます。

なお、就業規則がない場合には、個別に処分の内容を検討したうえで、従業員に内容を説明して、納得を得たうえで、不祥事の内容に応じた処分を行うことになります。規定がない以上、どのような処分に付すのがふさわしいかは悩ましい問題になりますが、弁護士や社会保険労務士などの専門家に相談しつつ具体的な処分を検討するようにしてください。

3. 不祥事を起こした企業の責任

次に、不祥事を起こした従業員が属する企業の責任についてです。不祥事を起こした従業員の責任を検討したときのように、複数の責任を並行して検討していきます。企業の場合に検討すべき責任としては、刑事責任、民事責任、行政上の責任、そして社会的責任があります。具体的な責任の内容は、不祥事の内容や程度によって異なるのでケースバイケースです。そのため、本書では概括的な要点のみ説明させていただきます。

(1) 刑事責任

たとえば、金融商品取引法の有価証券報告書の虚偽記載罪では、実行行為者に10年以下の懲役もしくは1000万円以下の罰金、または併科がされること等が規定されていますが（金融商品取引法197条1項1号）、企業に対しても7億円以下の罰金が科されます（金融商品取引法207条1項1号）。

このように、法人に所属する役員や従業員らが、法人の業務に関連して違法な行為をした場合、個人だけでなく、法人もあわせて罰せられる類型の規定を両罰規定といいますが、両罰規定が設けられているような不祥事の場合には、企業が法人としても刑事責任を負う場合があります。

(2) 民事責任

企業が被害者に対して、責任を負う場合には、企業が、民法709条等に基づき直接責任を負う場合もあれば、企業が使用者として民法715条に基づき使用者責任の規定を根拠として責任を負う場合もあります。

(3) 行政上の責任

不祥事の内容によっては、監督官庁から行政指導や行政処分を受ける場合があります。金融機関の不祥事に対して金融庁が業務停止命令や業務改善命令を出したり、製品事故の場合に経済産業大臣が危害防止命令としてリコールを求めたりする場合等です。

(4) 社会的責任

行政処分として求められない場合であっても、被害の質や程度、内容、影響度合いを考えて任意にリコールを行うことも考えられます。リコールは、消費生活用製品による事故の発生および拡大可能性を最小限にすることを目的として、製造、流通および販売の停止や、流通および販売段階からの改修等を行うことをいいます。企業が自主的にリコールを行う場合には、経済産業省がウェブサイトで公表している「リコールハンドブック」が参考になりますので、その内容を参照しながら具体的な手続を進めていきます。

4. 代表取締役や取締役の責任

続いて、代表取締役や取締役の責任についても検討する必要があります。横領や談合など、代表取締役や取締役が自ら直接の行為者となって起こした不祥事の場合（直接行為者の場合）もあれば、代表取締役や取締役が直接の行為者ではないものの在任中に不祥事が発生したり、発覚する場合もあります。いずれにしても、日本の場合は、不祥事を起こした企業のトップがどのように責任をとるかに世間の関心が集まる傾向があるので、以下の各項目を検討して慎重に対応する必要があります。

(1) 辞任や解任

トップの責任として真っ先に思い浮かぶのは辞任や解任ですが、不祥事が発生した直後に辞任すべきではありません。辞任や退任は、社会的な身分の喪失であり、重たい責任ではありますが、反面、不祥事によって火だるまになっている不安定な状況から解放されるので、逃げることにもつながります。逃げることは責任を果たすことにはなりません。歯を食いしばって世間が許し始めてくれるところまで不祥事対応を進め、そのタイミングで初めて辞任や退任を検討すべきです。これが原則的な考え方です。

例外は、組織のトップによるパワーハラスメントなど、トップが不祥事の直接の行為者である場合です。トップ自身が不祥事の直接の行為者である場合には、その人が不祥事を起こした張本人なので、適切な原因究明や再発防止策の立案ができるのか疑問が残ります。利害関係が濃すぎて、自分の保身を優先することが強く疑われるからです。この場合には、形式上は立場を保留しつつ、すなわち一定の身分のままで当面は組織には留まりながらも、実権をはく奪して不祥事対応の指揮命令系統から外し、不祥事の原因究明が進んだ段階でタイミングをみて辞任または退任するという流れにすることが多いと思います。

(2) 肩書の変更

辞任や解任のほかにも、肩書の変更という責任のとり方、とらせ方もあります。法律上の立場ではありませんが、企業によっては、代表取締役社長、専務取締役、常務取締役、取締役副社長などと、肩書をつけて、序列を明確にしている場合がありますので、責任をとることを明示するために、下の役職に肩書を変更するものです。

(3) 民事責任

取締役と企業との関係は、労働契約ではなく、委任契約なので、就業規則に基づき懲戒処分にすることはできません。そのため、取締役が企業に負っている善管注意義務（民法644条）や忠実義務（会社法355条）に基づき、企業に対して損害賠償等の責任をとってもらいます（会社法423条、430条）。

① 役員報酬の不支給や減額

役員報酬の不支給や減額ですが、多くの場合では、取締役から自主的に役員報酬を返納してもらっていることが多いと思います。自主的に返納しない場合には、株主総会で決定することも可能です。

② 退職慰労金等の不支給や減額

退職慰労金の不支給や減額、すでに付与したストックオプションをはく奪するという方法もあります。

退職慰労金の不支給や減額は、退職慰労金規程を確認し、退職慰労金規程に会社の定める非違行為があった場合には退職慰労金を不支給にしたり減額したりすることが可能となる規定があればそれに従いますし、なければ株主総会で決定します。

ストックオプションのはく奪は、新株予約権の権利行使の条件や、新株予約権割当契約に不祥事に関与した場合には権利行使ができない旨が定められていれば、それに従い、そうでない場合には、強制的に権利をはく奪することはできないため、任意に権利を放棄してもらうことになります。

③　相殺の可否

役員については、従業員のところで説明した労働基準法24条１項のような規定はありません。そのため、企業が役員に対して有する損害賠償請求権と、役員の企業に対する報酬請求権等を相殺することが可能です。対象となる役員が、自らの責任を否定し、役員報酬の不支給や減額に応じない場合には、企業としては、相殺の適用を検討することになります。

⑷　刑事責任

不祥事の内容が刑事罰の適用を受けるようなものだった場合には、刑事責任を追及することになります。そのため、すでに刑事事件が進んでいる場合には、その手続にのっとって対応していきます。他方で、いまだ刑事事件が進んでいないけれど、刑事責任が発生しそうな場合に、どのように対応を進めるかは悩ましい問題があります。犯罪の重大性、被害の大きさ、周囲に与えた影響の大小等を勘案して総合的に決定していきます。

5. 契約社員・パート・アルバイトの責任

契約社員・パート・アルバイトも企業と労働契約を締結する点では、正社員と違いはありません。そのため、不祥事を起こせば懲戒処分を受けることも、基本的に正社員の場合と同様です。

もっとも、期間の定めのある労働者に対する解雇については、「やむを得ない事由」がある場合しか認められないとされていて（民法628条および労働契約法17条）、これは正社員に対する解雇よりも厳格であると考えられています。そのため、期間の定めのある労働者に対しては、雇用契約の期間満了をもって雇用契約を終了させるといった対応を考える等、多少慎重に対応することが求められます。実際には、不祥事の内容や、不祥事への関与の程度などを加味して、後に労働契約上の紛争が生じないように配慮しながら、懲戒処分を行うことになります。

6. 派遣社員の責任

労働者派遣は、「自己の雇用する労働者を、当該雇用関係の下に、かつ、他人の指揮命令を受けて、当該他人のために労働に従事させること」（労働者派遣法２条１号）をいい、労働者を派遣する側の企業を派遣元企業、労働者の派遣を受ける側の企業を派遣先企業といいます。派遣社員は、派遣元企業との間では労働契約がありますが、派遣先企業との間では労働契約はありません。そのため、派遣社員が、派遣先企業で不祥事を起こした場合に、派遣先企業は自社の就業規則で派遣社員を懲戒処分にすることはできません。

この場合に、派遣先企業は、派遣元企業と連絡をとったうえで、派遣元企業との労働者派遣契約を解除したり、損害賠償請求をしたり、または別の派遣社員に交替してもらうように要請したりといった対応を行うことになります。そして、派遣元企業は、自社の就業規則に基づいて派遣社員に懲戒処分を行うことになります。派遣社員の場合には、法律関係が多少複雑になりますので、注意が必要です。

7. 外部の協力者の責任

発生した不祥事に関して、外部協力者がいる場合があります。その場合には、社内の人間の共犯として刑事責任を追及したり、民事上の債務不履行責任（民法415条）や不法行為責任（民法709条）等を根拠として損害賠償請求をしたりといった対応を進めていくことになります。

第7章

再発防止策の立案と実行

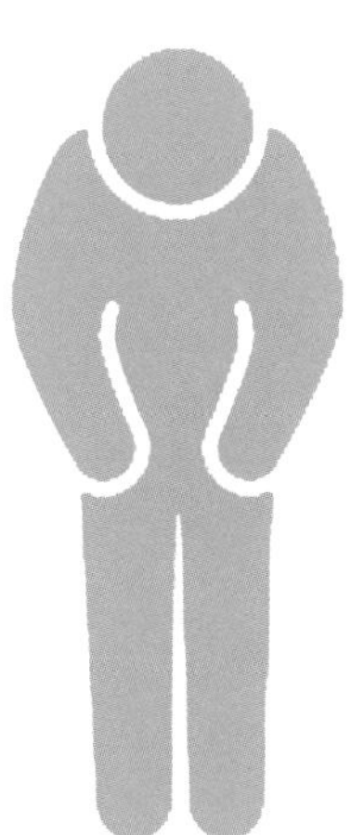

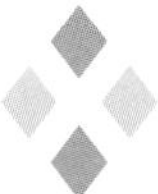

原因究明が進み、責任処分の方針が定まった後に行うのは、再発防止策の立案と実行です。

再発防止策については、法律で、「不祥事を起こした会社は、〇〇のような再発防止策を実施しなければならない」といったルールが定められているわけではありません。そのため、個別の事案に即して、各企業の判断で世間からの納得を得られる再発防止策を立案していく必要があります。

具体的な内容は、過去に不祥事を起こしたものの、立ち直ってきた多くの企業の実例がありますので、それらの実例を参考にしつつ、立案していきます。ここで、立案した再発防止策が、的外れな内容だったり、不十分な内容だったりすると、世間からの信用回復に向けて進めている不祥事対応の努力も水の泡になってしまいます。多くの企業が取り入れているような項目に漏れがあると世間からの納得は得られませんし、欲をいえば、多少なりとも世間から「なるほど」と受け止めてもらえるようなその企業なりの工夫も考えたいところです。

以下では、一般的に再発防止策として、採用されることが多い項目や、日々の相談業務の中でよく受ける質問について説明させていただきます。

1. 業務フローや業務体制の見直し

不祥事の原因を除去して再発を防ぐために、まず必要な作業は、業務フローの点検と業務体制の見直しです。

(1) 業務フローの点検

企業における多くの業務はフローの中で成り立っています。最初にＡという業務があって、次にＢという業務が行われて、さらにＣという業務に続いて……という感じに連鎖しています。不祥事が発生した原因は、この業務上のフローのどこかに潜んでいるはずなので、このフローに沿って点検していき、どこに不祥事を誘発する原因があったのかを確認する作業を進めていきます。

具体的には、改めて業務フローを列記したうえで、不祥事がＡの業務過程で生じたのか、Ｂの業務過程で生じたのか、Ｃの業務過程で生じたのかを確認していきます。この確認作業の結果、Ｂの業務過程で生じたことが判明した場合には、Ｂの業務の方法や担当を見直すことになります。また直接不祥事が発生した場面ではないＡやＣの業務過程でも、ミスを誘発する要因はなかったのか、または今回の不祥事を防ぐための対策を講じることはできなかったかについても点検していきます。

(2) 業務体制の見直し

業務が属人的になっていたり、ある特定の人に権限が集中していたりして、そこが不正の温床となり、不祥事を誘発する場合があります。経理担当者による横領はよくニュースでも目にする企業の不祥事ですが、その多くは、長年にわたって経理業務を任されてきたベテランの経理職員が引き起こすものです。経理担当者による横領は、初回の犯行で明るみになることは少なく、ほとんどは数年間とか、数十年間とかの長い期間をかけて行われるのが大きな特徴です。このような事態の発生を防ぐためには、業務フローや業務体制を見直す必要があります。具体的には、人事異動を検討したり、複数担当制でチェック体制を整えたり、定期的にローテーションをしたり、職務分掌を変更して業務を分散したりする方法があります。

2. コンプライアンス意識の向上

コンプライアンス意識が低下することで、企業不祥事が引き起こされます。コンプライアンス意識の維持と向上は、多くの企業における共通の経営課題です。

不祥事を起こした企業が、ただ単に「コンプライアンス意識を向上させます」と宣言したところで、世間の信頼を回復することはできません。世間の信頼を回復するためにはより具体的な方法を示す必要があります。

以下ではいくつかの方策を紹介させていただきますが、これが正解というものではありませんので、実際に起きた不祥事の内容に応じて、自社でよく考え抜いた方策を提示するようにしてください。

(1) トップからのメッセージの発信

社長などの経営トップが、今回発生した不祥事の内容を確認したうえで、どのような認識をもち、これから何をどう進めていくかを明確に発信する必要があります。日頃から、経営トップがコンプライアンスの重要性を伝えている場合も多いと思いますが、それでも不祥事が発生した以上、今回の不祥事を踏まえて改めてどのように舵を切っていくか、企業の姿勢を示す重要な局面に直面します。そのため、対外的には自社のウェブサイトを利用したり、対内的には朝礼の場、会議の席上または宴会の場を利用して口頭で伝えたり、社内の情報共有ツールを活用して活字で伝えたりしていくことが考えられます。大切なことは、発信を継続することです。１度だけの発信で満足することなく、定期的に発信し、それを続けていかないと本気度は浸透していきません。しつこいくらいに、あの手この手を使って、コンプライアンスを重視した経営を徹底する覚悟を力強く伝えてください。

(2) コンプライアンス研修の実施

一般的にみて、コンプライアンス研修は人気がない部類の研修です。コンプライアンス研修と聞くだけで、拒否反応を示す人もいるように思います。ただ、企業の不祥事のほとんどはコンプライアンス違反に基づくものなので、再発防止策の１つとしても検討しないわけにはいきません。

つまらないと感じられてしまうのは、これまでのやり方が良くなかったからかもしれません。つまらないと感じながら参加しても効果は見込めないので、研修の内容や形式を工夫しながら企画してください。

研修の内容や形式について、これが最善というものではありませんが、参加者に、いかに当事者意識をもってもらうかが重要なポイントになります。たとえば、人間は誰しも「適切なことをしたい」という気持をもっているはずで、世間的にみて良いと評価されることをすれば、清々しい気持になれるはずです。そこで、「適切なことをするためのしくみづくり」とか「清々しい気持が溢れる職場にするには？」など参加者が自主的に考える内容をテーマに設定するとよいと思います。組織としてコンプライアンスを徹底していくためには、行きつくところ、組織に所属するメンバーの内心に働きかけていかなければ成果は見込めません。そのため、個々人が今一度自分自身で内観する機会を設ける必要があります。

また、形式についても、講義形式だと、どうしても押し付けられた研修の印象になりがちなので、グループディスカッション形式で行うことがお勧めです。グループディスカッション形式で行うことにより、他人の考えにも耳を傾けつつ、自分の頭で考えられるようになるので、参加者もお客さん気分ではなく、主体的に参加せざるを得なくなります。このように創意工夫をしながら、より効果が期待できるコンプライアンス研修を企画して、実施してください。

⑶ 人事考課における評価項目の設定

人事考課の評価項目の見直しも検討してください。自社の人事考課の評価項目を再確認して、コンプライアンスに関する評価項目がない場合には、新しく評価項目を設定し、それに基づく人事考課を実施してください。他方で、コンプライアンスに関する評価項目があるけど機能していないと思われる場合には、具体的な評価項目を設定し直したうえで人事考課を実施してください。また、そのうえで重要なのは人事考課の実施方法です。単に企業が一方的に評価して終わりというものでは、不祥事の再発防止の観点からは不十分です。事前に対象者に対して評価項目を周知したうえで、人事考課を実施した後に、対象者に対してフィードバックすることが大切です。企業によってさまざまな方法があるのですが、オーソドックスな方法を紹介させていただきます。

まず、評価対象期間に入る前に、従業員に対して、具体的な評価項目を示しておきます。評価対象期間が終了した後に、従業員に自分の達成具合を自己評価させ、それを提出してもらいます。企業は従業員から提出された自己評価と照らし合わせながら、企業としての人事考課を実施します。

次に、企業の人事考課が終わった後に、評価実施者と従業員の個別面談を実施します。そこで、各項目に対する達成具合や企業からの評価をフィードバックしていきます。具体的には、「あなたは、今回、コンプライアンス意識向上に向けた活動を行うといった評価項目で5をつけているが、会社の評価としては3です。なぜなら……」といった感じで具体的に伝えます。この場面で、従業員の自己評価と会社の評価が完全に一致することは少なく、ギャップがある場合がほとんどです。このギャップが不祥事を発生させる温床になるので、各従業員と向き合いながら、このギャップを1つずつ潰していくことを目的としてフィードバックを実施してください。

これらの工夫をしながら、個々人のコンプライアンス意識や行動と、組織が求めるコンプアライアンス意識や行動のずれをなくしていくことで、意識統一を図り、不祥事が発生しづらい組織体をめざしていきます。

3. 就業規則・各種規程等の見直しと規程例

企業と従業員の関係は、雇用契約書や就業規則の記載内容など、職場のルールによって規律されています。そのため、職場のルールが不祥事を防止するために必要かつ十分な内容になっているか、あるいは不祥事の端緒を発見した場合に効果的な調査が可能な内容になっているかを改めて点検してください。

不祥事発生後の対応に関する相談を受けていると、本来は存在すべき社内規程が存在しなかったり、社内規程はあっても必要な規定が設定されていなかったりする場合があるので、普段から自社の各種規程の内容と、以下の内容を照らし合わせて確認しておいてください。

(1) 私物の持ち込み禁止・所持品検査命令

不祥事が発生し、従業員の所持品検査を検討する場合があります。基本的には、従業員の任意の協力のもとで実施すべきですが、任意の協力が得られない場合であっても、ある程度は調査を実施できるようにしておくべきです。所持品検査は、従業員のプライバシーを侵害する可能性の高い調査方法なので、あくまで社内規程に根拠を設けたうえで、真に必要な場合に、社会的に相当な方法で実施する必要があります。規定の具体的な内容は記載例のとおりです。なお、冒頭に、「事業所内に日常携帯品以外の私物を持ち込んではならない」との記載がありますが、この部分がなければ、事業所内に私物を持ち込むことを原則として認めてしまうことになり、所持品検査を実施する根拠を欠くと判断される場合があるので、注意が必要です。

> 第○条（所持品検査）
> 1　従業員は、事業所内に日常携帯品以外の私物を持ち込んではならない。
> 2　従業員が、前記以外の私物を持ち込み、または当社の物品を事業所外に持ち出すおそれがある場合、当社は従業員に対し、所持品の点検を求めることができる。従業員は、正当な理由なく、この点検を拒んではならない。

(2) 自宅待機命令

すでに説明したとおり、不祥事が発生した場合に発出する自宅待機命令には、①懲戒処分としての自宅待機命令と、②業務命令としての自宅待機命令があります。前者は就業規則に定めがなければ命じることはできませんが、後者は就業規則に定めがなくても命じることができます。しかし、業務命令としての自宅待機命令であっても、従業員に予測可能性を与え、発令によるトラブルを防止する観点からは、就業規則に以下のような内容の規定を設けておいたほうが望ましいと考えます。

> 第○条（自宅待機命令）
> 1　従業員が不正行為に該当する行為またはそのおそれがある行為を行った場合には、当社は従業員に対して、当該行為に関する調査が完了し、または当該調査に基づく社内処分の決定が行われるまでの間、一時帰休または自宅待機（以下、「自宅待機等」という）を命ずることがある。

2　自宅待機等を命じられた者は、当社に連絡先を明らかにするとともに、勤務時間中、自宅に待機し、当社が出社を求めた場合は、直ちにこれに応じるよう努めるものとし、正当な理由なくこれを拒否することはできない。

3　自宅待機等を命じられた者は、自宅待機等の期間中、事前に当社の書面による承諾を得ることなく、当社に出社し、または当社の役職員に対して、携帯電話、電子メール、SNS、その他一切の方法により接触してはならない。

(3)　電子機器等のモニタリング

不祥事が発生した場合の調査過程では、電子機器等のモニタリングを実施できるか否かが重要になります。電子機器等のモニタリングは、いざ実施しようとすると、従業員から抵抗され、トラブルに発展することも想定される場面なので、少なくとも就業規則やパソコン使用規程に以下のような規定をおいてあらかじめ周知しておくことが望ましいと考えます。

第○条（私的使用の禁止およびモニタリング等）

1　従業員は、当社が貸与したパソコン、タブレット、携帯電話、スマートフォン、その他の電子機器（以下、「電子機器等」という）を当社の業務を遂行するに際して必要な範囲でのみ使用するものとし、私的に使用してはならない。

2　当社は、必要と認める場合には、従業員に貸与した電子機器等に保存されている一切の情報および電子機器等を通じてアクセス可能な一切の情報を当該従業員の同意を得ることなく、閲覧、収集、分析、保存もしくは使用し、または使用範囲に制限を設定することができるものとする。

⑷ 電子機器等の使用規程

電子機器等の使用については、①従業員が個人で所有するものを会社の業務に使用することを認めている場合もあれば、②会社が所有するものを従業員に貸与している場合もあると思います。不祥事が発生した場合の調査に関しては、①の場合には、従業員の真摯な同意がない限りは調査は困難ですが、②の場合には就業規則に以下のような規定を設けておくことで、不祥事の発生を防ぎ、または不祥事が発生した場合に開示を要求しやすくすることが可能になります。

第○条 （遵守事項）

従業員は、当社から貸与されたパソコン、タブレット、携帯電話、スマートフォン、その他の電子機器（以下、「電子機器等」という）の使用について、次の各号の各事項を遵守しなければならない。

⑴ 電子機器等を丁寧に使用し、破損、紛失または盗難等の事態が生じないように厳重に管理すること。

⑵ 当社から個別に付与された ID およびパスワード（以下、「ID 等」という）を第三者に対して開示または漏えいしないこと。

⑶ ID 等を記載した紙や電子ファイル等の媒体を厳重

に保管し、漏えい、紛失または盗難等の事態が生じないように厳重に管理すること。

(4) 電子機器等にはウイルス対策ソフトの導入等、当社が指示するセキュリティ対策を講じること。

(5) 不正アクセス行為の禁止等の関係法令、著作権法その他の関係法令および本規程、就業規則をはじめとする会社の諸規則を遵守すること。

(6) 電子機器等を通じて送受信したメッセージを○年間、電子機器等に保存すること。

第○条（禁止事項）

従業員は、事前に当社の書面による承諾を得ることなく、電子機器等の使用について次の各号に定める行為をしてはならない。

(1) 電子機器等を当社の業務以外の目的で使用すること。

(2) 電子機器等を第三者に使用させること。

(3) 電子機器等を社外に持ち出すこと。

(4) USB メモリ等の外部記憶装置を使用すること。

(5) 電子機器等のシステムを変更すること。

(6) 電子機器等に当社の業務遂行に不要なソフトウェアを導入すること。

(7) 電子機器等を用いて当社の業務遂行に不要なインターネットサイトにアクセスすること。

(5) 電子機器等を改造もしくは分解したり、または接続環境を変更したりすること。

(6) 電子機器等において使用を許諾されたソフトウェアを複製すること。

第○条（開示命令）

当社は、従業員に対して、必要に応じて電子機器等に保存されている一切の情報について、内容の開示を命じることができるものとし、従業員はかかる命令に従わなければならない。

(5) 賞与の不支給等

不祥事発生後の対応について、「不祥事を起こした従業員に対して、賞与を支払いたくないのですが、可能ですか」と相談されることがあります。

もし賞与の算定基準が明確に規定されている場合には、算定基準に従って賞与を支給しなければならなくなるため、賞与に関する規定の仕方には工夫が必要です。具体的には、不祥事が発生した場合に備えて、以下の記載例のように、あえて明確な基準を記載せず、かつ状況に応じて賞与を支給しないこともできるようにしておくこともご検討ください。

第○条（賞与）

賞与は、当社の業績に応じて、次条に定める事項等を考慮して支給する。ただし、当社の業績の著しい低下その他やむを得ない事由がある場合には、支給日を変更し、または支給しないことがある。

第○条（支給額）

賞与の支給額は、当社の業績に応じ、能力、勤務成績、勤務態度等を人事考課により査定し、その結果を考慮して、その都度決定する。

(6) 退職金の不支給・返還等

退職金は、労働契約上当然に従業員に与えられる権利ではありません。支給の有無は当事者が合意によって決定する事柄です。そのため、退職金の支給基準において、一定の事由がある場合に退職金を減額したり、不支給にすることは認められますが、退職金が賃金の後払い的性格を有していることや、功労報償的性格を有していることを考えると、このような対応が許容されるのは、労働者のそれまでの功績を失わせるほどの重大な背信行為がある場合に限定されると考えられています。いずれにしても、退職金の支給に関しては、以下の記載例のように、個別の事案に即して柔軟に対応できるようにしておいたほうが望ましいと考えます。

第〇条（退職金の減額・不支給・返還）

1　次の各号のいずれかに該当する場合、退職金の一部を減額するか、または退職金を支給しない。なお、すでに退職金が支給されている場合には、その全部または一部の返還を求める。

(1)　諭旨解雇されたとき。

(2)　懲戒解雇されたとき。

(3)　在職中の行為に諭旨解雇ないし懲戒解雇に相当する行為が発見されたとき。

(4)　退職後に守秘義務ないし競業避止義務に違反したとき。

2　前項⑷号を理由に退職金の全額の不支給を決定するときは、会社に対する顕著な背信性が認められる場合に限る。

⑺　社内リニエンシー制度

社内リニエンシー制度は、法令違反等に関与した者が自主的に内部通報する等、問題の早期発見や真相解明に協力した場合に、その者に対する懲戒処分等を減免する制度です。懲戒処分等の減免というインセンティブを与えることで、不正行為を早期に把握し、被害の拡大や深刻な事態の進展を防ぐことを目的としています。犯罪等の社内不祥事は、秘密裏に行われることも多く、社内リニエンシー制度を設けることで、情報の収集と早期把握が期待できます。社内リニエンシー制度を設定する際の記載例は、以下のとおりです。

第○条（通報義務）
　従業員は、不正または違法な行為（以下、「不正行為等」という）が発生し、または発生するおそれがあると判断した場合には、自己の関与の有無にかかわらず、当社の○○宛に通報することにより、当該違法行為の是正および抑制に努めなければならない。

第○条（懲戒処分等の減免）
　当社は、従業員が自らの不正行為等を通報し、当該不正行為等の調査に協力した場合には、かかる事情を考慮したうえで、当該従業員に対する懲戒処分等を減免する。

⑻ ソーシャルメディアに関する遵守事項

従業員が Twitter を通じて有名人のプライバシーを侵害する情報を拡散してしまった「バカッター」や、アルバイト従業員が、職場で悪ふざけをする様子を SNS で配信するといった「バイトテロ」に関する一連の報道を目にしたことがある人は多いと思います。この種の企業不祥事は、身近に感じられる問題だからでしょうか、一気に世間の関心が高まり瞬く間に拡散されていく傾向にあります。

従業員の SNS に関するリテラシーの低さや、コンプライアンス意識の低さを原因とする不祥事ですが、未然に防止し、または万が一それらの不祥事が発生した場合に備える意味でも、手当てをしておく必要があります。

具体的には、就業規則等の社内規程に、以下のような規定を盛り込み、社内で周知しておいてください。

> 第○条（SNS 等利用に際しての遵守事項）
>
> 従業員は、Twitter・Facebook・Instagram・LINE・YouTube・5 ちゃんねる等、インターネットを利用して相互にコミュニケーションをとることができる情報伝達媒体（以下、「SNS 等」と総称し、サービス名称のいかんを問わない）の利用にあたり、以下の各号の各事項を遵守しなければならない。
>
> ⑴ 法令を遵守すること。
>
> ⑵ 当社の就業規則や社内規程を遵守すること。
>
> ⑶ 当社の社内や施設を撮影した画像や動画データを投稿しないこと。

(4)　職務を通じて取得した画像や動画データを投稿しないこと。
(5)　その他別途当社が個別に指定する事項。

第〇条（禁止事項）
1　従業員は、SNS 等を利用する場合、次の各号に記載する情報を発信してはならない。
(1)　当社の企業秘密（製品情報・売上や人事に関する情報・取引先に関する情報等を含むが、これらに限らない）に属する情報。
(2)　職務上知り得た第三者の秘密に属する情報。
(3)　当社を代表して発信していると誤解されるような記載のある情報。
(4)　肖像権、名誉権、プライバシー権、著作権等、第三者の権利を侵害する情報。
(5)　人種、信条、性別等の差別的表現を含み、またはこれらの差別を助長する情報。
(6)　わいせつな情報。
(7)　虚偽の内容を含む情報。
(8)　第三者に誤解を与える内容または形式の情報。
(9)　第三者を誘惑し、もしくは不安にさせる内容または形式の情報。
(9)　公序良俗に関する情報。
(10)　その他別途当社が個別に指定する情報。
2　従業員は、勤務時間中、SNS 等を私的に利用してはならない。

第〇条（違反した場合）

1　前２条に違反した場合には、従業員は、当社の指示に基づき迅速に削除または訂正、もしくは必要な投稿を行うものとする。

2　従業員が前２条に違反し、当社が損害を被った場合には、従業員は、当社が被った損害の全部または一部を賠償しなければならない。

3　従業員が前２条に違反した場合には、当社の就業規則第〇条に定める懲戒処分に処する。

4. 内部通報制度の設置

企業や組織の内部のことは、その企業や組織にいる人が一番よくわかっています。そのため、企業や組織の不正の端緒を一番早くつかみ取り、未然に不祥事の発生を防ぎ、もしくは不祥事が発生した場合であっても影響拡大を防止するためにも「内部通報制度」を設けることが有益です。

上場企業や上場準備企業など、一定規模以上の企業では内部通報制度の設置が進んでいるといわれますが、多くの中小企業では導入されていないと思います。

しかし、内部通報制度は、企業規模の大小にかかわらず、すべての企業にとって有益な制度です。とりわけ不祥事発生後に再発防止策を提示しなければならない状況下では、「社内外に、役員や従業員が相談する窓口を設置することで、問題や改善点を早期に探知し、不祥事が発生することを未然に防止します」という分かりやすいメッセージは、企業の信用回復にとっても有益です。

以下では、内部通報制度の設置にあたって、よく質問を受ける項目を手短に解説させていただきます。実際に設置する場合には、以下のような項目を定めた内部通報規程などの社内規程を整備していくことになりますので、参考にしてください。

(1) 内部通報窓口の名称

内部通報窓口の名称をこうしなければならないという決まりはありません。「ホットライン」「ヘルプライン」「相談窓口」「内部通報内部相談窓口」「内部通報外部相談窓口」「目安箱」

といった内部通報窓口を設定する目的や位置づけ、その他各社の雰囲気に合った名称にしてください。

(2) 内部通報窓口の設置場所

内部通報窓口をどこに設置するかについてですが、社内に設置する場合と、社外に設置する場合と、両方に設置する場合があります。

社内に設置する場合は、総務部、コンプライアンス部、人事部、監査部などに設置される場合が多いと思います。社外取締役や監査役といった選択肢もあります。ポイントは、社長や経営陣と直結しない組織上の位置に設置することです。

社外に設置する場合には、法律事務所、外部の専門業者、親会社、関連会社に設置する場合が多いと思います。社外に設置する以上は、可能な限り独立性・中立性を維持できる外部者を選定することが重要です。

(3) 内部通報窓口の担当者

内部通報窓口には、セクハラやパワハラを含むさまざまな相談が寄せられます。そのため、担当者の選任に際しては、特定の年齢層で構成するのではなく、若い人から年配の人まで幅広い年齢層のメンバーで構成することで、間口を広くすることができます。また、性別についても、男性や女性といった特定の性別のメンバーだけで構成するのではなく、LGBT にも配慮したうえで構成できると、より実効性が期待できると思います。

(4) 通報の方法

正式に受理して対応すべき通報か否かを明らかにするために

も、内部通報規程等で通報の方式を明確にしておいたほうがよいと思います。具体的には、電話、ファックス、電子メール、LINE などの社内で用いている情報伝達ツール、手紙、面談等の方法が考えられるので、自社の実情に沿った方法を検討してください。また、適宜のフォームで通報を受け付けるのではなく、あらかじめ一定のフォームを用意し、それに基づいて通報してもらう方法も検討してください。内部通報として受理する通報を一定のフォームに限定することで、受付時に最初に聴取したい必要項目を明らかにしてもらうことや、単なる愚痴や不満のような通報を避けることも期待できるからです。

(5) 通報者の範囲

通報者の範囲をどうするかも検討が必要な項目です。正社員、契約社員、パート、アルバイトのほかに、派遣社員、退職者、取締役、グループ企業の関係者、取引先の従業員、従業員の家族等を含めて制度設計を行う場合もあります。他方で、そもそも誰でもよいとのスタンスで、通報者の範囲を定めない場合もあります。

また、匿名での通報を受け付けるかどうかも検討が必要です。内部通報制度の趣旨からすると、会社の内外を問わずに、広範に通報を受け付けたほうが望ましいのですが、無関係の第三者からの通報を受け付けてしまうと内部通報窓口の担当者の負担が大きくなりすぎる可能性があるので、自社のおかれている状況に応じて制度を設計してください。

(6) 通報の対象となる事項

通報の対象となる事項について、犯罪行為または犯罪行為となり得る規制違反行為や法律違反など一定の限定を設ける場合もありますが、内部通報制度の趣旨からすると、「法令違反、社内規則違反、職場環境を害する行為、その他コンプライアンスに違反するおそれのある一切の行為」といった形で広範に設定したほうが望ましいと思います。もっとも、「何でも通報してください」としてしまうと、職場とは関係のない個人的な愚痴や悩みのようなものも投稿されてしまう可能性がありますので、「職場に関する」等の限定は残しておくべきです。

⑺　通報後の手続

通報を行った後に、その通報がどのように扱われて、その後の手続がどのように進行していくかを明確にする必要があります。通報を受けた後に、どのように調査が進んでいくかといった手続の流れも内部通報規程等に明確に定めておくようにしてください。

⑻　その他の事項

上記の項目以外にも、通報者の保護に関する規定を設ける等しながら、自社に合った形で制度を設計してください。

ちなみに、内部通報制度を構築したとしても、それが機能していない企業も多くあります。機能しない理由が、不祥事の端緒が一切存在しないからということであればよいのですが、そのようなことは稀で、実際には何かボトルネックとなる事象があって、その事象によって内部通報制度が機能していない場合が多いように思います。内部通報制度が機能しない理由はさまざまだと思いますが、根底にある従業員の意識を変革していくことが必要な場合が多いと感じています。内部通報というと何となく、「仲間を裏切った卑怯な人間として扱われるのではないか？」、「今後報復を受けるのではないか……」、「不確かな情報を伝えるとかえって責任を負わされるのではないか……」といった後ろめたいイメージがついて回ってしまいがちです。

しかし、企業の持続性を維持するためには、「悪いことをする人のほうが悪い」、「不正を見て見ぬふりをする人のほうが悪い」、「通報することは、むしろ義務である」といった意識を浸透させていく必要があります。企業としては、改めて経営陣からメッセージを発信するとともに、研修を実施する等して、内部通報窓口の利用を躊躇しない組織に向けて従業員の意識変革をめざしてください。

第8章

情報の開示・公表

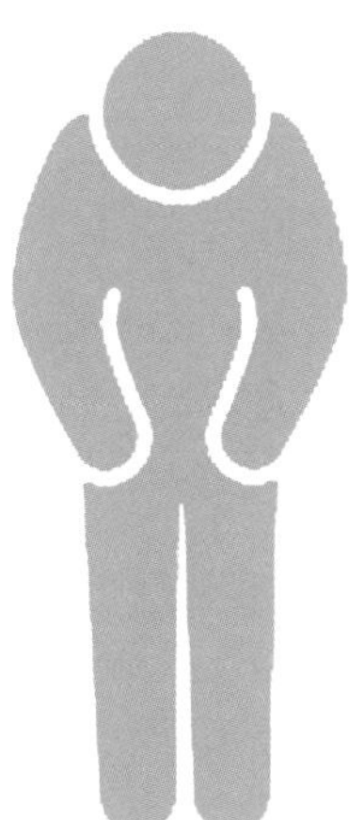

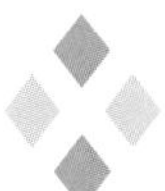

不祥事対応は、「①初期対応⇒②原因究明⇒③対応の検討と実施⇒④再発防止策の立案と実行」といったフレームワークに沿って対応を進めていきますが、この一連の過程で常に頭を悩ませるのが「情報の開示・公表」に関する事柄です。不祥事発生時に企業が情報発信しなければならない場合としては、法令等によって開示・公表が義務付けられている場合もあれば、そうではない場合もあります。そうではない場合というのは、世間の関心が高かったり、被害の拡散を防止するために情報開示を行って注意をよびかけなければならず、道義的または戦略的観点から開示・公表を強いられる場合です。

そして、この場合は、世間がどのような反応を示し、それがどのような方向で拡散されていくかをコントロールできないため、開示・公表の要否を含めて悩ましい判断に直面します。このような場面で適切な判断をするためにも、開示・公表の基本的な考え方を確認しておくことが有益です。

1. 法令等によって開示・公表が義務付けられている場合

上場企業等一定の企業の場合には、発生した不祥事の内容によっては、金融商品取引法等の法令や証券取引所のルールで情報開示を強制される場合があります。上場廃止の原因となるような不正会計の場合や、業務遂行の過程で生じた大きな損害や、許認可の取消し等の事情が生じた場合です。

また、上場企業ではない場合も、道路運送車両法63条の２、食品衛生法54条、医薬品医療機器等法68条の９等の規定に定めるリコール制度が適用され回収措置を実施する場合には、個別の法令に基づく義務や行政処分に基づいて開示・公表を行い、必要な回収措置をとらなければならないとされています。

これらの場合には、個別の事案と状況に即して開示・公表内容を検討することになるため、本書で個々の説明はできませんが、いずれも国民生活に直結し、また当該企業の存亡にかかわりうる可能性のある場面なので、監督官庁や弁護士に相談しつつ、各法令の要求する事項について各法令に従った開示・公表対応を進めていく必要があります。

2. 法令等によって開示・公表が義務付けられていない場合

法令で開示・公表が義務付けられていない場合の対応をどうするかは悩ましい問題です。法令で強制されているわけではありませんし、法令でルールが定まっているわけでもありません。したがって、不祥事を起こした企業が個別に開示・公表の要否を判断していかざるを得ません。

(1) 取締役の善管注意義務との関係

不祥事を起こした企業が情報開示をするか否かを検討するにあたり、参考になる裁判例があります。その事例は、清掃業大手のダスキン社が経営するミスタードーナツが、食品衛生法上使用が許されていない添加物の含まれた肉まんを販売し、販売禁止や罰金などに処された事例です。当時の経営陣は、食品衛生法違反の事実を知りながら公表しないという方針をとったのですが、そのせいで、ダスキン社はマスコミから隠蔽工作をしたと指摘され、売上も減少し、加盟店に対する多額の補償金等の出費を余儀なくされました。そして、当時のダスキン社の役員に対して提訴された株主代表訴訟において、裁判所は、「その事実を隠ぺいしたなどということになると、その点について更に厳しい非難を受けることになるのは目に見えている。それに対応するには、過去になされた隠ぺいとはまさに正反対に、自ら進んで事実を公表して、既に安全対策がとられ問題が解消していることを明らかにすると共に、隠蔽が過去の問題であり克服されていることを印象づけることによって、積極的に消費者の信頼を取り戻すために行動し、新たな信頼関係を構築していく途をとるしかないと考えられる。また、マスコミの姿勢や世論が、企業の不祥事や隠ぺい体質に敏感であり、少しでも不祥事を隠ぺいするとみられるようなことがあると、しばしばそのこと自体が大々的に取り上げられ、追及がエスカレートし、それにより企業の信頼が大きく傷つく結果になることが過去の事例に照らしても明らかである。ましてや、本件のように6300万円もの不明朗な資金の提供があり、それが積極的な隠ぺい工作であると疑われているのに、さらに消極的な隠ぺいとみられる方策を重ねることは、ことが食品の安全性にかかわるだけに、企業にとっては存亡の危機をもたらす結果につながる危険性があることが、十分に予測可能であったといわなければならない。したがって、そのような事態を回避するために、そして現に行われてしまった重大な違法行為によってダスキンが受ける企業としての信用喪失の損害を最小限に止める方策を積極的に検討することこそが、このとき経営者に求められていたことは明らかである」としたうえで、経営陣が「『自ら積極的には公表しない』などというあいまいで、成り行き任せの方針を、手続き的にもあいまいなままに黙示的に事実上承認した」と当時の対応を糾弾したうえで、取締役および監査役の善管注意義務違反を認めています（大阪高等裁判所平成18年 6 月 9 日付判決〔ダスキン株主代表訴訟事件〕／下線は筆者が加筆）。

この裁判例は、取締役の株主に対する善管注意義務に基づく責任として、不祥事が発生した際の公表義務を明示するものではありませんが、不祥事が発生した場合に消費者の信頼を取り戻すために積極的な情報開示を行っていくしか途がない場合があると指摘している点や、不祥事が発生した場合において、取締役は、公表するかしないかといった問題を正面からとらえて、その要否に関する必要な検討を行わなければならない義務を株主に負っているとする点で、参考になります。

⑵ 情報の開示・公表の際の判断基準

以上のように、法令等で開示・公表が義務付けられていない場合でも、企業の責任として一定の場合には情報開示を行うことが求められる場合があります。問題は、どのような場合に、不祥事に関する情報を開示・公表するかです。

① 世間に謝罪する必要がある場合

まず、世間の関心が高い不祥事において、世間に謝罪する必要がある場合です。謝罪には、被害者に向けられる場合もあれば、被害者だけではなく広く世間に向けられる場合もあります。謝罪にあたっては、誰が誰に対して謝罪するかを明確にしたうえで進める必要があります。謝罪は責任のある立場の人が行わなければ意味がありません。企業において対外的な代表権を有しているのは代表取締役社長なので、社長が責任をもって謝罪することが基本的なスタンスです。不祥事や事故は突然発生するので、社長が出張中で不在にしている場合もあると思いますが、その場合には、出張から戻り次第直ちに会見等で謝罪をすべきです。このタイミングが遅れると、世間の反感が増長する可能性があります。

また、謝罪の相手を明確に意識しながら謝罪することも大切です。たとえば、記者会見で目の前にいるのはマスコミなので、形式上はマスコミに向かって謝罪する形になりますが、実質的にはカメラの奥にいる国民や新聞記事を読む国民に対して謝罪することになります。

② 被害の拡大を防止する必要がある場合

次に、現に被害が生じている、または今後生じ得る被害の拡大を防止する必要がある場合です。たとえば、自社の製品を食べて食中毒になった人がいる場合には、その製品を購入した他の人にも食べないようによびかけて、被害の拡大を防止する必要があります。被害の発生を防止するために必要なことは、事実を正確に、そしてわかりやすく伝えることです。

わかりやすく伝えるためには、専門用語は噛み砕いて説明する必要があります。どの程度噛み砕いて説明するかについてですが、事理弁識能力を有するとされる14歳程度、中学２年生程度の人が聞いても理解できるような言葉で伝えるのが望ましいと思います。

世間の多くの人々も、「自分も被害者ではないのか……？」、「自分も被害にあうのではないか……？」、「自分も影響を受けるのではないか……？」、「自分が被害者の立場だったら……」といった関心を抱いていることを前提として、現に被害が生じている、または今後被害が生じ得る可能性のある範囲には、明確に伝える必要があります。

③ 誤報を防ぐ必要がある場合

最後に、誤報を防ぐ必要がある場合です。企業は社会的な存在です。世間に認められて、初めて存続や成長が許されます。そのため、企業が起こした不祥事に対して世間の関心が高まっている場合には、企業の社会的な責任として、正しい経過や不祥事が発生した原因を報告し、説明しなければなりません。そのうえで、世間が存続を認めてくれれば、再び世間からの信任を得て、企業を存続し、事業活動を継続できます。世間から関心を抱かれている不祥事について、その企業がどのようなタイミングで、どのような方法で、どのような内容の情報開示や公表を行うかは、揺らぎかけている世間からの信頼を再び取り戻すことができるか否かの禊（みそぎ）の側面があります。そのため、この場面で、正確な情報を開示しないと憶測や不安が蔓延して、それが拡大していくことが想定されます。事実を開示・公表する場合には、積極的に正確な情報や資料を開示することを検討していきます。たとえば、数値偽装が発覚したり、リコールを実施すると公表した後に、その自動車会社のホームページを覗いてみると、その件に関するプレスリリースがなされていたり、FAQ が掲載されていたりします。その中には数値や技術的な説明がぎっしり記載されていて、「こんなの誰が見るんだろう？」と感じざるを得ないような詳細な情報が掲載されている場合がありますが、不正確だったり、不十分な情報を開示して、隠ぺいが疑われたり、誤解を招いたりするくらいであれば、正確で、十分すぎると思われるくらいの情報を開示・公表したほうが望ましいといった企業姿勢の表れだと思います。

3. 任意開示・公表の方法

企業が不祥事に関する情報の開示・公表を行う場合に、どのような方法を用いるかは重要な検討課題です。情報の開示・公表の方法はさまざまです。たとえば、企業が自社のウェブサイト上に謝罪文や事実経緯の報告文を公表する場合もあれば、記者会見を開催して行う場合もあります。それ以外にも、LINE・Facebook・Instagram・Twitter 等の SNS サービスの利用を検討する場合もあります。

［表21］ 任意開示・公表の方法

		影響力	対象者	情報の伝わり方
1	自社の Web サイト	小	関係者	自社の説明内容
2	ユーザー等への DM	中	関係者	自社の説明内容
3	新聞や TV 等の広告	大	関係者 世間一般	自社の説明内容
4	記者会見	大	関係者 世間一般	自社の説明内容 ＋世間の受け止め方
5	自社の SNS アカウント	大	関係者 世間一般	自社の説明内容 ＋世間の受け止め方
6	動画配信サイトの利用	大	関係者 世間一般	自社の説明内容 ＋世間の受け止め方

［表21］（任意開示・公表の方法）をご覧ください。よく用いられる情報開示・公表の方法を順不同で整理したものです。そ

れぞれ一長一短があるので、不祥事の内容や企業がおかれている状況によって、どの方法を採用するかは慎重に検討する必要があります。たとえば、関係者だけに情報を正しく説明すれば足りると考えられる場合には、あえて記者会見を行う必要はなく、自社のウェブサイトに事実経緯や謝罪等を公表するだけで足ります。他方で、一刻も早く被害の拡散を防止しなければならない場面では、早期に記者会見を開いたり、SNS アカウントや動画配信サイトを用いたりして、世間に情報を伝える必要があります。しかし、これらの方法は、報道機関や世間の受け止め方次第で情報がどのように伝わっていくかは不透明です。情報の即時性や伝播性に優れているものの、その後の展開をコントロールできない危うさがあるので、利用に際しては慎重にならざるを得ない側面があります。

そのため、まずは自社のウェブサイトでの公表を考えて、次に、被害の拡散防止を早急に行わなければならない場合や、世間の関心が高いと思われる不祥事の場合には、記者会見の実施を考えるようにし、自社の SNS アカウントや動画配信サイトを利用した情報開示・公表はよほどの緊急性や必要性がない限りは避けるといったスタンスで進めるのがよいと思います。

4. マスコミ対応と記者会見

情報の開示・公表を行う際に、マスコミからの取材に対応したり、記者会見を行ったり等の報道対応を行う場合には注意が必要です。

不祥事や事故は突然起きるので、内容によっては報道機関から五月雨式に取材要請がくる場合があります。そのような場面に備えて、短時間で一気に確認できるように、報道対応に関してよく質問をいただく項目をQ&A形式で整理しましたので、内容の詳細は、第9章「企業不祥事の場面での報道対応Q&A」をご参照ください。平時に一度ゆっくり目を通しておいていただくとよいのですが、平時にそのような時間がとれない場合には、緊急時で報道機関と対峙する前にざっと目を通していただくだけでも、間違った対応をする可能性を低くできるのではないかと思いますので、ご活用ください。

第9章

企業不祥事の場面での報道対応Q&A

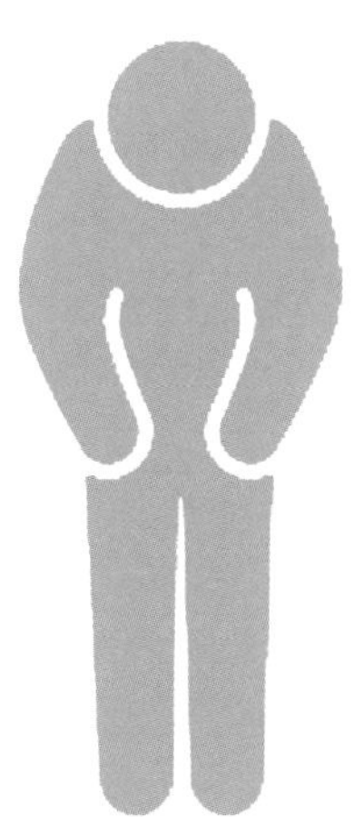

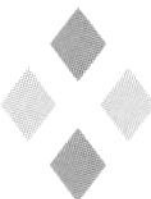

1　報道機関からの問合せ

Q-1　記者からの問合せがありました。まずは、謝ったほうがよいでしょうか

A　謝る必要はありません。

記者は事実を知りたいから問合せをしてきています。謝罪の言葉を聞きたくて連絡してきているわけではありません。

Q-2　記者から「被害者や世間に対する謝罪のお気持がおありなのでしょうか」と尋ねられました。謝っても大丈夫でしょうか

A　謝ったほうがよいと考える場合には、（謝罪の意味合いを明確にしたうえで）謝っていただいても問題ありません。

謝罪には「①法的な責任を留保したうえでの謝罪」と「②法的な責任を認める意味での謝罪」の２種類があります。不祥事対応の初期段階で行うべき謝罪は「①法的な責任を留保したうえでの謝罪」です。そのため、原因究明が進んでいない初期段階で行うとすれば、「この度は、当社の○○の件で、お騒がせして申し訳ありません」という表現での謝罪になります。

Q-3　一般誌の記者から「謝ったのだから責任をとるということですよね」と尋ねられました。どう回答したらよいでしょうか

A　謝ることと、責任を取ることは異なることを前提にして明確に回答してください。

謝罪には「①法的な責任を留保したうえでの謝罪」と「②法的な責任を認める意味での謝罪」の２種類があります。不祥事対応の初期段階で行うべき謝罪は「①法的な責任を留保したうえでの謝罪」です。そのため、「今回の謝罪と責任をとるということは、別の話です」と明確に説明してください。

Q-4　報道機関から問合せがありました。無視してよいでしょうか

A　ほとんどの場合において無視しないほうが得策です。

不祥事が発生した場合の対応として本書がすすめる基本姿勢は、「①逃げない、②隠さない、③偽らない」です。報道機関からの問合せに対しても、真摯に対応するほうが望ましいとお考えください。そのため、基本的には問合せに対応すべきです。ただし、対応したうえで、問合せの内容について回答を拒否せざるを得ない場合があります。具体的には、ⓐ他者の権利を侵害する可能性がある場合、ⓑ法律上または契約上の守秘義務に違反する可能性がある場合、ⓒ捜査妨害に該当する可能性がある場合です。

Q-5　報道機関から問合せがありました。問合せにすぐに対応してもよいでしょうか

A　体制を整えてから対応してください。

とっさに対応することで、誤報を招くおそれがあります。企業としての対応方針を決定しないまま対応してしまうと、動揺して、思いがけず意図しない回答をしてしまったり、質問の内容を誤解して間違った回答をしてしまったりと、何かと望ましくない事態が生じがちです。

すぐに答えられそうな質問や問合せと判断したとしても、即答は危険です。質問と回答のやりとりを続け、深堀りされていくことで、回答に窮する場面に陥る場合があります。

そのため、問合せがあった場合の対応としては、①社名・所属部署・記者名を確認し、②取材内容を尋ね、③折り返し先の電話番号を聞いたうえで、④「正確な情報をお伝えさせていただきたいので、確認のうえで、○○日の○時までに回答します」と伝えたうえでいったんはやりとりを打ち切り、その後、態勢を整えたうえで改めて回答するといった形で対応するのが望ましいと思います。

Q-6　報道機関から問合せがありました。被害者がいる不祥事なのですが、被害者の実名や属性を尋ねられています。回答しても問題ありませんか

Ⓐ 回答は控えてください。

被害者の実名や属性をむやみに回答してしまうと、被害者の権利を侵害する可能性があります。そのため、回答は控えてください。それでも他のルートから被害者が特定される可能性があるので、「被害者の心情に配慮し、被害者への問合せや取材は控えてください」と伝えてください。

そのようなやりとりをしていたにもかかわらず、報道機関が別のルートから情報を入手し被害者に取材を申し入れた場合に、被害者から、「おたくが情報を漏らしたのですか？」と尋ねられることがあります。そうした場合でも、企業としては、「いえ、情報を伝えていません。むしろ、心情に配慮して、取材しないようにお願いしておいたのですが……」と説明できたほうが、被害者とのやりとりにおいても、何かと良い効果を生むと思います。

Q-7 報道機関から問合せがありました。今回の不祥事に関する取引相手について聞かれています。回答してしまってよいでしょうか

Ⓐ 回答は控えてください。

契約上の守秘義務に違反する可能性があるので、回答は控えてください。仮に、契約上の守秘義務が存在しないとしても、他社のことを回答してしまうと、責任転嫁している印象を与えてしまう可能性があるので、望ましくありません。基本的に他社のことは、他社に対して取材してもらうこととして、当社か

らは回答しないことを基本姿勢にしてください。

Q-8　報道機関から問合せがありました。今回の事故に関する捜査の進捗状況を聞かれています。取り調べを受けた際に、警察から聞いた捜査の進捗状況を回答してしまってもよいでしょうか

A　回答は控えてください。

捜査妨害に該当する可能性がありますので、回答は控えてください。

Q-9　報道機関から問合せがありました。調査が進んでいませんし、方針も決定していません。どのように対応すべきでしょうか

A　調査中の場合には「調査中」と答えてください。

中途半端な調査結果に基づいて回答してしまうと、不確かな情報による憶測や混乱を招きかねません。事実関係について調査中の場合には「調査中」と回答してください。

そのうえで、できれば期限の猶予を得るべく、「○○日○○時までに調査結果または調査の進捗状況については改めて回答させていただきます」と答えて、いったんは凌いでください。ここで「○○日○○時まで」という期限を設定しないと、繰り返し問合せがくる可能性があり、その対応に手間をとられ、本来行うべきことができなくなりかねません。

そして、一度「〇〇日〇〇時まで」と設定した期限には、いったん、途中経過でもよいので必ず報告をしてください。このタイミングで何らかの対応ができなければ「約束を守らない企業で信用できない」という悪印象や、「情報を隠ぺいしようとしていたのではないか…」という疑いをもたれかねません。報道機関に悪印象や疑念をもたれて良いことは1つもありません。報道機関は疑念があれば、真実を明らかにするために、取材活動に力を入れてきますので、企業が望まない方向に物事が進んでいく可能性があります。そのため、自らが設定した回答期限は遵守し、それができなかった場合には、途中経過だけでも開示したり、途中経過すら開示できない場合には、そのような事態に陥ってしまった理由だけでも説明して理解してもらうように努めてください。

Q-10 報道機関から問合せがありました。回答したくない場合には「ノーコメント」と回答しても問題ありませんか

A 「ノーコメント」という回答は控えてください。

「ノーコメント」と回答してしまうと、消極的な回答姿勢だけが印象に残ってしまいます。また、「ノーコメント」という回答自体がコメントとして紹介される可能性もあります。記者の質問に対して「特に異議や異論はない」ととらえられて記者のもっている情報だけで書かれてしまう可能性も否定できません。そのため、「ノーコメント」ではなく、「事実関係を調査中」とか「現時点では明確になっていません」等と回答するよ

うにしてください。このとき「〇〇と思う」といった憶測での回答や、「個人的には〇〇と考えています」といった個人的な意見で回答をしないように注意してください。あくまで企業としての回答を求められている場面だからです。

Q-11 報道機関から問合せがありました。事故の原因は判明していません。記者が「仮に御社に責任があった場合に、どのような対応を検討しているかを教えてください」と質問してきました。現時点の検討状況に基づいて回答してもよいでしょうか

A 仮定の質問には回答しないでください。

原因が不確定な状況での検討状況を伝えてしまうと、かえって混乱を招きます。明確になっていることを正確に伝えるのが基本です。仮定の質問に答える必要はありませんし、答えないように努めてください。また、仮定の質問は、何らかの悪意や、一定の方向で報道したいがためのよからぬ意図が隠れている場合があるので、特に注意深く対応してください。

Q-12 報道機関から問合せがありました。当社の今後のことも心配してくれているようですし、親身になってくれそうな印象があります。誠実な感じがする人ですし、オフレコで回答してもよいでしょうか

Ⓐ　オフレコという概念は存在しないと考え、慎重に対応してください。

過度に警戒する必要はありませんが、オフレコという概念は存在しないと考えて対応してください。仮に伝えた内容が漏れた場合には、取り返しがつきません。一度伝えたら最後、どこで漏れ伝わるかわからないという認識のもとで対応してください。

Q-13　報道機関から問合せがありました。前回の報道で間違ったことを伝えた報道機関です。反論したり、反撃してもよいでしょうか

Ⓐ　反論や反撃ではなく、訂正してください。

報道機関からの問合せに応答する目的は、正確な情報を適切に伝えてもらい、その結果として世間からの信頼を取り戻すことです。そのため、反論や反撃をするのではなく、シンプルに訂正の申入れをしてください。その際には、資料をもってしっかりと説明し、適切な記事を書いてもらうように促してください。報道機関を咎めるような姿勢をとることで、マイナスのイメージで伝えられてしまうことも多いので、媚びる必要はありませんが、紳士的な姿勢で粛々と対応を進めるべきです。そして、申入れにもかかわらず訂正がされない場合には、意図的に悪質な報道がされている場合が想定されますし、そのまま放置すると企業が大きな損害を被ることも懸念されるので、法的対応を視野に入れて弁護士に相談することもご検討ください。

Q-14　報道機関から問合せがあり、連日、対応しています。報道された内容をみていますが、報道機関ごとに伝え方に温度差があるように感じます。これからは、当社に好意的な報道をしている報道機関にだけ情報を伝えていこうと思いますが、よろしいでしょうか

A　特定の報道機関にだけ情報を流す場合には、注意が必要です。

取材対応の基本は「公平性」です。したがって、原則として特定の報道機関だけに情報を流すのは控えてください。一定の目的のもと、特定の報道機関にだけ情報を流す場合もないわけではありませんが、他の報道機関から反発を買うことも想定されますので、自社だけで判断せずに、不祥事情報の開示・公表に関する専門家等からアドバイスを受けたうえで、慎重に対応したほうが無難です。

2　記者会見の検討

Q-15　記者会見の開催を検討しています。どのような場合に、記者会見を開催すべきでしょうか

A　①世間に謝罪する必要がある場合、②被害の拡大を防ぐ必要がある場合、③誤報を防ぐ必要がある場合には開催を検討してください。

記者会見は諸刃の刃です。その後の情報の伝播を自社でコントロールすることはできませんし、不祥事を起こした過去の企業の実例をみても、記者会見を行って功を奏した企業のほうが圧倒的に少数です。できる限り記者会見をせずに乗り越えたいところですが、逆に記者会見の開催を積極的に検討すべき場合もあるので、説明します。

1つ目は、世間の関心が高く、世間に謝罪する必要がある場合です。報道が過熱してしまい、世間から求められるので謝罪するというのが多くの場合の実情のように思います。

2つ目は、被害の拡大を防ぐ必要がある場合です。たとえば、自社の製造販売する食品に異物が混入している可能性があり一刻も早く危険性を伝えなければ人命に影響が生じ得るような場合や、自社の従業員が情報漏えいをしてしまい、一刻も早く情報を伝えなければ漏えいした情報が悪用されてしまう危険性がある場合です。

3つ目は、誤報を防ぐ必要がある場合です。世間の関心が高い不祥事の場合には、複数のメディアから個別に問合せを受けることになります。複数のメディアから個別に問合せを受けると、その対応に時間と労力をとられ、本来やるべき被害者対応等に時間と労力を割けなくなります。また、複数のメディアに平等に接していても、メディアの受け止め方はさまざまなので、ニュアンスの伝え方が難しく、結果的に不公平な事態が生まれることがあります。そのような事態を防ぐためにも、記者会見を開催して統一的な情報開示を検討すべきです。

Q-16 記者会見を開催することにしました。開催時間は、どのような時間帯に設定するのがよいでしょうか

A ケースバイケースでご検討ください。

法律や規則で、○○時に開催しなければならないと決められているわけではありません。そのため、企業の事情や報道機関の状況によって開催時間を検討します。

まず、被害の拡大防止の観点から一刻も早く開催して情報を開示・公表すべき場合には、準備が整って、報道機関との調整がつき次第、開催を試みるべきです。

次に、緊急性がそれほど高くない場合には、新聞の締切や夕方の報道番組の編集等の関係も加味して、午前11時～午後２時といった時間帯で検討するのがよいと思います。新聞の場合には、夕刊よりも朝刊のほうが、圧倒的に発行部数が多いので、朝刊の記事にしてもらうことを考え、午後２時頃から記者会見を開始することが有効な場合もあります。逆に、夕刊でのみ扱ってもらえればそれがよいと考える場合には、午後２時よりも前の時間帯に会見を行うことも検討することになります。そのような要素も加味しつつ開催時間を検討していきます。

Q-17 記者会見を開催することにしました。会場の場所は、どこにすればよいでしょうか

A ホテルの会場、貸会議室、記者クラブの中から選定するのがよいと思います。

まず、自社で会見に適した場所を保有していたとしても、自社の社屋を利用するのは避けるのが望ましいと思います。中小企業の場合には、そもそも十分なスペースがない場合も多いと思いますし、それほど広くない社屋の中にマスコミが殺到しても、事実調査やその他の業務に支障が生じますし、不祥事と関係のない社内の情報まで見られてしまうことになりかねません。また、万が一、会見を打ち切らなければならない状況になったとしても「会場の都合で」という理由が使いづらいため、不便です。

そのため、ホテルの会場、貸会議室の利用を検討してください。ホテルや貸会議室の選定は、情報伝達や移動に要する時間等を考慮して、できるだけ自社から近い場所を選定してください。また、少しでも心理的な負担を避けるため、できるだけ過去に利用したことがある場所を選定することとし、初めて行く場所は避けるのが望ましいと思います。さらに、不祥事の会見の場合は、お詫びの色彩が強いにもかかわらず、記者を呼びつけていると誤解される可能性がありますので、案内文等に、「出席人数等の都合もありますので、ご足労いただく形になり申し訳ありませんが、ご参加ください」といった文言を付加する等、配慮してください。

もし適したホテルや貸会議室が確保できない場合には、記者クラブの利用を検討してください。記者クラブの利用については、問合せのあったマスコミに幹事社を確認して、幹事社の担当者を通じて申入れを行う流れで進めます。

Q-18 記者会見を開催することにしました。ホテルの会場にいくつか空きがあるようなので、どこかの会場を借りることができそうです。会場を選定する場合の考慮要素を教えてください

A 十分なスペースと長めの時間を考慮して選定してください。

記者会見に際しては、撮影・照明・録音機材等が多数持ち込まれることになるので、十分なスペースを確保するようにしてください。会場の場所にもよりますが、テレビカメラが入る場合には、記者席の倍近くの余裕があったほうが望ましいと思います。また、時間切れのため、途中で会見を打ち切らなければならなくなると、十分な説明ができませんし、報道機関の要請にも十分に応じることができません。そのため、延長も可能な状況の中で、十分な時間を確保したうえで、会場を用意するように努めてください。

Q-19 記者会見を開催することにしました。会場のレイアウトはどうしたらよいでしょうか

A 【図23】(会場のレイアウト)を参考にしてください。

ホテルの会場や貸会議室を借りることができた場合には、会場のレイアウトを考えなければなりません。一般的には、【図23】(会場のレイアウト)のようなレイアウトを用いることが多いと思いますので、参考にしてください。ポイントは、余裕を

もった広さの会場を確保すること、答弁者席と記者席に段差を設けないこと、答弁者席と記者席との間にほどよい距離を空けることです。

答弁者席と記者席との間の距離を近くし過ぎると、記者席から答弁者席の机上の資料が見えてしまいますし、答弁者もプレッシャーを感じてしまうので、答弁者席と記者席の間は、2メートルから3メートル程度空けてください。司会者は立ったまま進行する形になります。手元に資料を置いて進行したり、メモを取ったりできるように演台を設置したほうが便利です。答弁者席にはテーブルクロスをかけて答弁者の足元が映らないようにする配慮も必要です。

また、答弁者席ですが、【図23】（会場のレイアウト）では、答弁者席に3人が座るように記載していますが、答弁者の数に応じて2人～4名程度の設定が一般的かと思いますので、特に必要がなければそれに倣ってください。司会者用と答弁者用に、人数に応じたマイクを配置してください。記者席についても、【図23】（会場のレイアウト）では、記者席に2人が座るように記載していますが、2人が良いというわけではありません。用意できた会場の広さと出席者数に応じて変更が必要です。また、記者席会場が広い場合には会場用にハンドマイクを2本程度配置して、会場係がつど、記者にマイクを渡すことも検討してください。

【図23】 会場のレイアウト

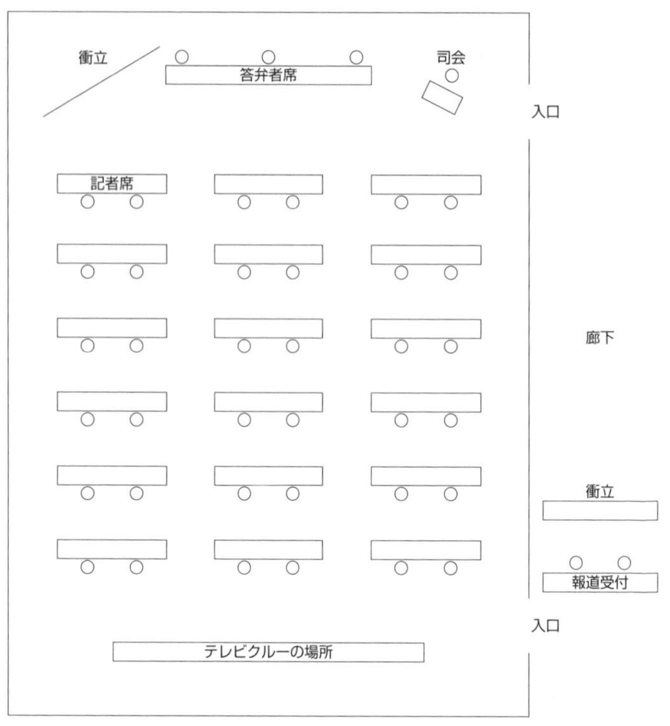

Q-20 記者会見の会場で、その他に注意したほうがよい事柄はありますか

A 温度設定とカメラの位置等に注意してください。

会場の温度設定にも気を配ってください。少し肌寒く感じるくらいの温度に設定しておいたほうがよいと思います。会場の広さにもよりますが、人数が集まると室温が高くなりますし、テレビカメラ用のライトやスチールカメラのフラッシュも熱く、眩しいものです。また、誰しも答弁者席に座ると緊張します。緊張すると体温も上がりますし、汗が出てきて答弁に集中できなくなる可能性もあります。不祥事の会見で汗を流していると、何となく不利なことを隠しているようなイメージで伝わってしまうおそれがあるので、望ましくありません。

　また、マスコミのカメラの位置にも注意してください。基本的には対峙する形になると思いますが、背後や横に回られて撮影されないようにすることが大切です。背後から撮影されると手元に用意しておいた資料の内容も映されてしまう場合があるからです。2006年10月に発覚した不二家の事例では、記者会見時にカメラが答弁者の手元のペーパーに、「これが発覚すれば雪印の二の舞になる」と記載されているのを映し出し、それがマスコミのバッシングに拍車をかけたといわれています。

　さらに、企業側でも当日の記録を残すことを忘れないでください。方法は、録音や録画でよいと思います。万が一、当日の記者会見と異なる内容の報道がされた場合にも、内容を検証したうえで、必要に応じて訂正の申入れができるようにしておくためです。また、録音や録画の機材は、万が一の故障等も視野にいれて、複数台で記録に残すようにしてください。最近はスマートフォンが数台あれば簡単に録音や録画ができますが、その分、安易に削除してしまうケースもありますので、録音や録画した後のデータは、複製し、いくつかの場所に分けて保管しておくのが望ましいと思います。

Q-21 記者会見を開催することにしました。会見の答弁者として、誰が対応するのがよいでしょうか

A 社長と、事情をよく知る担当の役員や、担当の部長が対応するのが望ましいと考えてください。

事案の重要性によって、どのレベルの役員が対応するかが決定されますが、いずれにしても、世間から納得してもらえる立場や役割の人物が対応にあたる必要があります。

必ずしも社長でなければならないという決まりはありませんが、社会が求めているのは、企業のトップがどのような回答をするかなので、記者会見の開催を余儀なくされる場合には、社長が同席すべきです。そして、その場合には、事前にすべての情報を経営のトップに集約しておく必要があります。そのうえで、個別具体的な質問事項については、事情をよく説明できる人物が答弁すべきです。事情を正確に説明したり、マスコミ各社からの質問に十分な応答ができなかったりすると、事態が悪化するので、注意してください。

社長が出席するからといって、社長がすべてを答える必要はありません。社長は、謝罪と概要の説明をし、あとは、回答者を指名する役割に徹したほうがよいと思います。この点について印象的な事例があります。2007年8月に、「白い恋人」で有名な石屋製菓で、賞味期限の改ざんが発覚しました。最初の会見では、ほとんどの回答を、当時の代表取締役社長が務めていました。内容としては、「白い恋人は本来賞味期限を記載しなくてもよい商品で、固くみて4カ月と設定している。社内では

６カ月はもつという油断があったと思う。今回はたまたま30周年記念商品が存在したからこのような行為に出た。他の白い恋人には存在しない」というものだったのですが、その後の取材で次々に矛盾が発覚してしまい、結局、社長が辞意を表明するに至りました。

この一連の報道をみていると、最初に社長自身が力強く答弁し、それが結果的に虚偽の答弁になってしまい、その責任をとって辞任せざるを得なくなってしまったような印象があります。社長としての責任感の現れからでしょうか。社長がほとんどの答弁を行おうとしていたような印象を受けましたが、実務レベルの詳細な事柄までは社長が答弁できない場合のほうが多いと思いますので、結果的に矛盾が生じる答弁をしてしまうくらいなら、最初から同席している統括部長や広報の方に答弁を任せてしまったほうがよかったのではないかと考えさせられる事例でした。

Q-22 記者会見を開催することにしました。答弁者として社長が出席できそうにないのですが、どうしたらよいでしょうか

A 社長が出席できない合理的な理由を説明したうえで、担当の役員や担当の部長が対応してください。

不祥事や事故は突然発生します。また、不祥事発生後は、並行して複数の事柄の対応を進めていかなければなりません。社長の身体は１つしかありませんので、あっちもこっちも対応することは不可能です。社長が直接被害者宅に謝罪に赴いている

等、記者会見に優る合理的な理由があれば、記者会見に欠席することも止むを得ないと考えてください。注意しなければならないのは、社長が記者会見に欠席する理由は、被害者対応等、記者会見に優先しても世間の理解を得られる理由でなければならないということです。また、被害者対応等が済んだ場合には、速やかに記者会見の会場に赴いてください。社長の対応が遅れれば遅れるほど、イメージ低下が進むので、早期に対応していただいたほうが望ましいと考えてください。

Q-23 記者会見を開催することにしました。弁護士にも答弁者席に同席してもらったほうがよいでしょうか

A 出席を要求する弁護士が会社の社外取締役だったり、会社の執行役員として法務担当責任者（CLO）を務めていたりする場合は別として、答弁者席に同席させるべきではないと考えます。

世間が求めているのは、正確な事実経緯と不祥事が発生した原因についての説明なので、必ずしも法的な観点から説明しなければならない場面ではありません。そう考えると、事情に精通していない弁護士を同席させる意味はありません。また、弁護士が同席することで、世間から穿（うが）った見方をされかねず、かえって世間に悪印象を与えることも懸念されます。

Q-24　記者会見を開催することにしました。司会者をおいたほうがよいでしょうか。また、司会者をおく場合には、どのような人物が適任でしょうか

A　答弁者が答弁に専念できるように司会者をおいてください。総務部長や広報部長等が司会者を務める場合が多いと思いますが、役職名にかかわらずに状況を正確に把握して、適切に進行できる人物を選定してください。

専任の司会者をおかずに記者会見を進めてしまう例がありますが、望ましくありません。司会者がいないと、答弁者が答弁に専念できませんし、記者会見を打ち切る場合も、答弁者が打ち切ってしまうと、責任を放棄しているように受け取られてしまうからです。

司会者をおく場合には、総務部長や広報部長等が司会を務める場合が多いと思いますが、総務部長や広報部長も記者会見における司会進行の専門家ではありませんので、役職だけで選任するのはふさわしくありません。司会は、会場全体を見渡しつつ、適切なタイミングで会場の質疑応答を整理する能力も求められますので、役職名にかかわらずに、少しでも適切に司会進行役を務められそうな人物を選任していただいたほうがよいと思います。

Q-25　記者会見を開催することにしました。服装はどうしたらよいでしょうか

Ⓐ　男性も女性も無地か、無地に近い柄で、濃い紺色か、濃いグレー色のスーツを着るのが無難です。男性のネクタイは柄と色を押さえた華美ではないものを選んでください。一目でブランドがわかるようなネクタイもふさわしくありません。作業服や現場着でも問題ありません。装飾品は外してください。

記者会見の服装は、目立たないように、無難な感じにするのがポイントです。できるだけ印象に残らないようにするということです。印象に残らないようにするためにはスーツが無難です。自己主張をする必要はないので「無難な感じ」がポイントになります。シリアスな場面なので、華美なものは避けてください。腕時計、ネックレス、ブレスレット、指輪なども外しておいたほうが無難です。黒が良いと考えている人も多いのですが、黒は威圧的な印象を与える場合があるので、避けたほうが無難です。ダブルのスーツや、カジュアルに見えるジャケパンスタイルも避けたほうがよいと思います。生地も艶のある生地は避けましょう。ネクタイは、紺やダークグレーの小紋柄や無地が良いと思います。

Q-26　記者会見を開催することにしました。会見中の姿勢や態度の注意点を教えてください

Ⓐ　常に見られ、記録に残されていると考えて行動してください。

記者会見の場面では、服装だけではなく、言葉遣い、表情、

しぐさ等の細かな点にも配慮してください。世間は、そのような些細なことから、企業の本質や体質を感じとろうとするからです。

ただ、会見が長時間に及ぶと、次第に緊張感が薄れてきます。机に肘をついたり、足を組んだり、椅子にだらしなく座ったりして、その姿がテレビで報道されたり、インターネットを通じて拡散されるおそれがあります。自分が発言していないときほど、見られていないと思って気が緩むので、用心してください。

Q-27 記者会見を開催することにしました。記者会見で説明する内容について、事前に準備しておくべき項目を教えてください

A 謝罪の内容と範囲、調査中の事項の開示、今後の対応策の開示の３つの項目を整理し、各項目の内容を確認したうえで、会見に臨んでください。

知っていることだけを話すようにしてください。事実ではないのに、想像や憶測で、あたかも事実のように説明してはいけません。嘘の含まれる答弁、不正確な内容を含む答弁、不誠実に感じられる答弁、隠ぺいと感じられる答弁は、炎上に繋がる可能性が高いので厳に避けてください。最初にすべてを正確に話すことができれば、新聞に掲載されたり、テレビに取り上げられたりしても、基本的にはその１回で終わります。しかし、不確実な情報を伝えてしまうと、その後も取材や報道が続くことになります。わかっていることと、わかっていないことを明確にして会見に臨むことが大切です。

① 謝罪の内容と範囲

初期の段階で責任を認めたうえでの謝罪をすることは難しく、世間に迷惑をかけていることについての謝罪、被害者に不便を与えている状況についての謝罪という意味合いになることがほとんどです。謝罪をする際に、どのような文言で謝罪するかも、あらかじめ決めておいたほうがよいでしょう。

② 調査中の事項の開示

企業が日頃どのような事業活動を行い、今回の不祥事がどのような原因で発生し、どのような経過をたどり、誰に対してどれくらいの影響があるのかについては、記者も一番関心がある部分だと思います。記者会見でも多くの質疑応答が行われる事柄です。①他者の権利を侵害する可能性がある場合、②法律上または契約上の守秘義務に違反する可能性がある場合、③捜査妨害に該当する可能性がある場合には、回答を拒否すべきです。また、調査中の場合にも「現在調査中です」とか「現在確認中です」と現在の状況を正確に伝えるように心掛けてください。

③ 今後の対応策の開示

被害者に対する対応、被害拡大の防止、今後の再発防止策についても可能な範囲で方向性を示してください。納得感のある方向性だけでも示せれば、安心してもらえる可能性が高まります。他方で、何も対応策を講じずに記者会見に臨むと、必ずといってよいほど、記者会見は失敗します。

Q-28 記者会見用の配布資料は用意しておいたほうがよいでしょうか

A 配布資料を用意して臨んでください。

誤報を防ぎ、正確な情報を報道してもらうためにも、必要な情報を記載した資料を用意して会見に臨むようにしてください。

具体的には、会社の概要、被害者等の概要、今回の不祥事が発覚した経緯、事実経緯、調査の状況、考えられる原因、今後の対応、本日の会見の答弁者の氏名や役職、あらかじめ記者が求めてくると思われる質問に対する回答にあたる部分を記載した配布用の資料を用意しておきます。

なお、配布用の資料を作成する際には、可能な限り、専門用語を使わないで作成してください。専門用語が記載されていると、その用語の意味内容の質問に無断な時間をとられる可能性がありますし、間違った理解のまま記事にされてしまう場合もあります。どうしても専門用語を使わなければ説明ができない場合には、別途、専門用語を解説する資料を配布する工夫も必要です。

また、配布資料には連絡窓口も記載してください。記載項目は、担当者の氏名、直通の電話番号や、ファックス番号、メールアドレスがあるとよいと思います。

Q-29 記者会見の前にリハーサルを実施したほうがよいでしょうか

A リハーサルを行ったうえで実施してください。

記者会見の前には、事前に会場に入り、可能な限りリハーサルを実施してください。短い時間でもリハーサルをしておくことで、多少なりとも精神的に安定した状態で本番を迎えることができます。普段であれば何でもないような質問でも、緊張していると、適切に答えられないことがあります。一度、練習しておくことで、大分気持も変わりますので、短い時間でも是非リハーサルを実施するようにしてください。

そして、リハーサルを行うときは、できるだけ、弁護士やコンサルタント等、外部の専門家の同席のもとで行ってください。同一組織内だと、どうしても立場があるので、さまざまな忖度が働いてしまい、実効的なリハーサルができない場合があります。

具体的には、記者役の人物が、「いつ、どこで、何が起きたのか？」、「現在把握している被害状況や、原因は？」、「社長や経営陣はいつ知ったのか？」、「それに対してどのような指示を出したのか？」、「過去に同様の事案はなかったのか？」等の質問をして、答弁役の人物がそれに答えます。想定される質問については、巻末資料「不祥事をめぐって想定される質問集」にまとめてありますので、リハーサルの際の参考にしてください。

3　記者会見の実施

Q-30　定刻前ですが、だいぶ人数も集まっているように感じるので、会見を始めてしまってよいでしょうか

A　駄目です。定刻に開催してください。

記者会見を行う場合には、開始時間を遵守してください。遅れても駄目ですが、早めるのも駄目です。記者の方々も別の予定があり、各方面に取材に行っています。忙しい中でスケジュ

ールをやりくりして集まってくれるわけですから、予定より早く始めてしまうと、肝心の謝罪や説明を聞いてもらうことができません。

Q-31 記者会見を始めます。司会役は、どのような言葉で開始を告げたらよいでしょうか。また司会役からもまずは謝罪をしたほうがよいでしょうか

A 最初の一言が大切です。ついつい「本日は足元の悪い中、お集まりいただきありがとうございます」とか「本日はお忙しい中、お集まりいただきありがとうございます」とか言ってしまいそうになりますが、不要です。「○○に関する会見を開催させていただきます」という形で端的に開始していただいたほうがよいと思います。また、冒頭で司会役の人物が謝罪する必要はありませんし、すべきでもありません。

① 端的に開始すること

不祥事発生後の記者会見は、新商品や新サービスの発表のための会見とは異なります。そのため、「本日は足元の悪い中、お集まりいただきありがとうございます」とか「本日はお忙しい中、お集まりいただきありがとうございます」といった気遣いの表現は不要です。端的にスタートしてください。

司会役の人物から、「私は、本日の進行を務めさせていただきます、○○部の部長の○○です。ただ今から、○○○○の件について、会見を開始させていただきます。開始に先立ち、当

社の出席者を紹介させていただきます。皆様から向かって正面が、当社代表取締役社長○○○○でございます。次に、皆様から向かって左側が当社営業本部長の○○○○、右側が当社法務部長の○○○○でございます」として出席者の肩書と氏名を伝えたうえで、「それでは、○○社長、お願いします」と述べ、発言者を社長に移行する形で進めるのが無難です。

② 司会から謝罪しないこと

冒頭で司会が謝罪する必要はありません。最初の謝罪の言葉を述べるのは、社長等、記者会見に出席した最上位の者にしてください。謝罪は、あくまで企業という組織体の対外的な代表権を有する者が行うべき行為だからです。

Q-32 記者会見が始まりました。今回の不祥事は当社に非があるという認識のもとで、記者会見を開催しています。冒頭の謝罪は行ったほうがよいでしょうか

A ケースバイケースですが、行ったほうが無難です。

テレビ報道や新聞報道で取り上げられることの多い、不祥事を起こした会社の役員が深々と頭を下げる場面をどうするかについてです。

個人的には、儀礼的なものにすぎず、白々しいので不要だと思わなくはありません。ただ、現時点の報道機関はあのような場面をとらえて報道することを求めているので、対応するのが無難です。不要だからといって、あえて、謝罪の儀礼を飛ばして、チャレンジングな記者会見を行う必要はありません。

あの冒頭の場面は、頭を下げる時間や、頭を下げる角度、頭を上げる時間など、事前にある程度申し合わせをしたうえで(社長に合わせる等)、何度か練習しないと適切な所作ができませんので、リハーサル時に何度か練習してから本番に臨むようにしてください。

頭を下げる時間は長めに設定します。７秒程度で考えるとよいと思います。「あれ？　少し長いかな？」と感じる方もいるかもしれませんが、大事なのは世間に対して謝罪している様子を正確に伝えてもらうことなので、少し長めの時間を設定しておいたほうが無難です。緊張状態では時間が早く感じられるので、ある程度ゆとりをもって、ゆっくり７秒を数えるようにしてください。

Q-33　記者会見が始まりました。司会者の後に担当者から内容を説明することになります。どのような組立てで説明すればよいでしょうか

A　不祥事対応の基本的なフレームワークを意識した構成で説明するのがよいと思います。

不祥事対応の基本的なフレームワークは、「①初期対応⇒②原因究明⇒③対応の検討と実施⇒④再発防止策の立案と実行」になりますが、これと同様の構成で説明してください。

①　初期対応

まずは、「この度、本年○月○日に、当社で発生した○○について説明させていただきます」として不祥事の事実経緯の概要を説明していきます。どのように不祥事が発覚して、初期対

応としてどのような対応をしたかを説明する部分です。

ここはポジションペーパーに基づいて整理した事実を淡々と説明していきます。正確に伝える必要があるので、用意した原稿を読み上げていただいたほうがよいと思います。六何の原則（八何の原則）や5W1Hを意識して説明していきます。この段階で不祥事の発生原因や評価に関する説明をする必要はありません。ましてや言い訳めいた説明もNGです。事実を淡々と説明することが大切です。

② 原因究明

次に、「当該不祥事が発生した原因について、本日現時点までに判明している事実を説明させていただきます」として、それまでの調査で判明した調査結果を説明します。調査の具体的内容と、その結果がどうだったか、それ故、不祥事の原因をどのようにとらえているかを説明していきます。

③ 対応の検討と実施

続いて、「今回の件について、当社として行った対応について説明させていただきます」として、具体的な責任の取り方等について説明していきます。

④ 再発防止策の立案と実行

最後に、「今回の１件を踏まえて、当社としては、今後再発防止に向けて、〇〇、〇〇、〇〇などの取組みを行っていきます」として、検討した再発防止策を公表するといった流れになります。

Q-34 記者会見の質疑応答についての基本姿勢を教えてください

Ⓐ　基本姿勢は「逃げない」、「隠さない」、「偽らない」です。

これまでの繰り返しになりますが、記者会見における対応も、不祥事対応の原理原則である「世間の要請に応える」という観点から考える必要があります。そして「世間の要請に応える」ためには、①逃げない、②隠さない、③偽らないことが基本姿勢になります。特に事実経緯や、日頃の取組み、その時点で把握している原因、今後想定している対応について丁寧に説明していくことが求められます。

Q-35　記者会見の質疑応答について、注意すべきコツがあれば、教えてください

Ⓐ　質問の意味をよく理解したうえで、ひと呼吸おいて答えるようにしてください。

記者会見の質疑応答の失敗例として、答弁者が記者の質問を適切に理解することなく回答してしまい、質問と回答内容が噛み合っていない場合があります。そのような事態が生じないように、質問の意味をよく理解したうえで、ひと呼吸おいてから答えてください。質問に対してすぐに答えないようにすることで、途中で質問を遮ってしまうことを防げますし、ひと呼吸おいて答えることで、受け答えのテンポを調整できるからです。受け答えのテンポが速くなってしまうと、ついつい拙速な回答や対応をしてしまいがちなので、一定のテンポを保って受け答えを行うように注意してください。

Q-36 記者会見で執拗に答えにくい質問をしてくる記者がいます。無視してよいでしょうか

A 回答を拒絶せずに丁寧に対応してください。

記者会見の相手は、記者の後ろにいる世間です。そのため、感情的になったり、記者に対して敵意をもったりすることなく、丁寧に回答するように努めてください。記者会見では、会場にいる記者に向けた話をするのではなく、世間を意識してメッセージを発信する必要があります。クローズな場ではなく、極めてオープンな場であることを意識して話をしてください。そうすることで、姿勢や顔の表情や声のトーンも自然に変わってくると思います。あくまでメディアを通じて、世間にメッセージを発信するということです。

Q-37 記者会見中、不祥事の被害者の氏名や住所の開示を求められています。回答を拒絶してもよいでしょうか

A 回答を拒絶して問題ありません。ただし、理由は個人のプライバシーや生活の平穏等被害者の権利を侵害する可能性があるからとしてください。

回答を拒絶していただいて問題ありません。ただし、単に回答を拒絶するだけだと、印象が悪いので理由を説明してください。他者の権利を侵害する可能性があることを説明してください。なお、被害者の氏名や住所の開示に応じない理由として個

人情報保護法は持ち出さないでください。個人情報保護法は報道機関に適用除外を認めていますから、「個人情報なので回答できない」と回答すると、反感を抱かれかねません（個人情報保護法43条2項および同法76条1項）。

Q-38 記者会見中、社長の進退について聞かれています。どのように回答すればよいでしょうか

A （辞任を考えたり、退任が予想されたりしていても）「まずは私に任せていただきたい」と回答してください。

多少規模の大きめの会社であれば、社長の進退を質問される場合があります。社長自身が不正にかかわっており、直ちに引責辞任しなければならないような事例でない限りは、社長自身の進退問題は後回しにしてください。まずはとにかく、不祥事に対して責任をもった対応を進めることが最優先の経営課題なので、それに取り組む姿勢を伝え、社長の進退の話はその後に検討すべき事柄と考えている旨を説明してください。

Q-39 記者会見中、正確に記録に残すために、司会者から、発言者に対して、所属や名前を求めたほうがよいでしょうか

A ケースバイケースで考え、対応してください。

質問に先立ち、記者のほうから所属や名前を名乗る場合が多いと思いますが、名乗らない場合で、かつ必要がある場合には

所属と名前を求めても問題ありません。ただし、時間的に余裕がない状況下での会見や、被害が甚大な場合の会見では、後にどうしても個別に対応が必要な場合を除いて、所属や名前の開示を求めずに進行してください。また、所属と名前を名乗らずに質問をした質問者に対しては、記者会見終了後に名刺交換することでも代替できます。会場の空気を悪くせずに、可能な限りスムースに記者会見が進むことを優先して対応してください。

4　記者会見の終了

Q-40　記者会見を終わりにして、司会者が会見を打ち切るタイミングをどう考えたらよいでしょうか

A　記者会見の打切りは司会者が質疑応答の状況と会場の雰囲気を読んで行ってください。

時間を理由にして記者会見を打ち切ろうとしても、「それはそちらの勝手だろ！」という印象を与えてしまい、収束しない可能性があります。司会者が一方的に記者会見を打ち切ってしまうと、かなり雰囲気が悪くなりますので、可能な限り避けてください。

Q-41　記者会見を終わりにして、司会者が会見の終了を告げる場合の方法を教えてください

Ⓐ　質問が出なくなり、「他に質問をおもちの方はいらっしゃいませんでしょうか？」と尋ねた後、質問が出ない場合に、少し時間的な余裕をおいてから「それでは本日の記者会見はこれで終了とさせていただきます……」と述べて、記者会見の終了を告げてください。

質問が出なくなったので、「それでは本日の記者会見はこれで終了させていただきます」としてすぐに質問を打ち切るようなことはしないでください。参加者から質問が出なくなったとしても、質問がないとは限りません。次の質問を考えている可能性もありますので、「他に質問をお持ちの方はいらっしゃいませんでしょうか？」と会場全体に尋ね、質問を促したうえで、時間をおいてから終了を告げるようにしてください。

5　記者会見の終了後

Q-42　記者会見の終了後の注意点はありますか

Ⓐ　必ず報道内容を確認してください。

記者会見後の報道内容は必ず確認してください。事実と異なる内容が報道された場合には、訂正記事の掲載等を申し入れなければならないからです。もし間違った報道内容を放置してしまうと、誤った世論が形成される可能性があるので、油断できません。

〔巻末資料〕

不祥事をめぐって想定される質問集

第1　不祥事発覚の端緒

Q-1　不祥事が発覚した時期を教えてください

Q-2　どのような経緯で発覚したか教えてください

Q-3　不祥事が発生した時期を教えてください

Q-4　不祥事が発生してから発覚するまで時間が空いていますが、どうしてその期間、発覚しなかったのですか

Q-5　発覚した後、本日の会見（または報告）まで○日も空いていますが、これだけ時間がかかったのは何故ですか

Q-6　経営者は、いつ、どのような方法で認識したのですか

第2　不祥事の内容

Q-7　不祥事は誰によって行われたのですか（誰が）

Q-8　不祥事はいつから始まったのですか（何時）

Q-9　不祥事はいつまで続いたのですか（何時）

Q-10　不祥事はどこで行われたのですか（何処で）

Q-11　不祥事は誰に対して行われたのですか（何に／何人に）

Q-12　不祥事はどんな方法で行われたのですか（どんな方法で）

Q-13　不祥事によってどんな結果が生じていますか（何をしたか）

Q-14 不祥事に関与した人は他にいないのですか（何人とともに）

Q-15 不祥事が行われた原因はどのようなものと考えていますか（何故に）

Q-16 今回の不祥事は、故意によるものですか。過失によるものですか

Q-17 今回の不祥事は、誰の責任によるものですか

Q-18 今回の不祥事は、会社からのプレッシャーが原因だったのではないですか

Q-19 今回の不祥事は、会社の劣悪な職場環境が原因だったのではないですか

Q-20 今回の不祥事は、報道されている○○○○が原因だったのではないですか

Q-21 （製品事故の場合）製造番号・販売年度・販売地域・販売個数などを数字で説明してください

Q-22 （情報漏えい事故の場合）漏えいした情報の具体的な項目と何人分のデータが漏えいしたのかを教えてください

Q-23 （情報漏えい事故の場合）漏えいした情報には銀行預金やクレジットカード等の情報も含まれているか教えてください

第 3　不祥事による影響と責任対応

Q-24 （製品事故の場合）これまで同様の事例は報告されていなかったのですか

Q-25 （製品事故の場合）現在も同様の事例が発生していないか調査していますか

Q-26 （製品事故の場合）使用を継続することができるのですか

Q-27 （製品事故の場合）安全性は担保されているのですか

Q-28 （製品事故の場合）人体への悪影響は確認されていますか

Q-29 （異物混入の場合）人体に悪影響のある物質が検出されていますか

Q-30 （異物混入の場合）それはどのような物質で、どのような影響が確認されているのですか

Q-31 不祥事のあった貴社の製品に関するリコールの実施を考えていますか

Q-32 現時点で想定される法令違反の具体的な法令名と条項を教えてください

Q-33 現時点で想定される法令違反によって貴社にはどのような制裁が科せられそうですか

Q-34 今回の不祥事との関係で、損害賠償を求められる可能性があると思いますが、貴社としてはどのように対応していく予定ですか

Q-35 今回の不祥事との関係で、損害賠償を求められる可能性があると思いますが、どの程度の金額になるか見通しが立っていますか

Q-36 今回の不祥事との関係で、株主総会で役員も責任追及を受ける可能性があると思いますが、貴社としてはどのように対応していく予定ですか

Q-37 今回の不祥事との関係で、当局から立ち入り検査を受けたとのことですが、具体的にはどのような

内容で、どのように対応したのですか

Q-38 貴社に科せられる制裁による貴社の事業への影響を教えてください

Q-39 具体的に業績にはどの程度の影響が生じますか

Q-40 業績悪化に伴ない業績予想を修正することになりますか

Q-41 業績悪化に伴なうリストラを行うことになりますか

Q-42 今回の不祥事の責任の所在は誰にあると考えていますか

Q-43 今回の不祥事の責任をとって経営陣の退任はありますか

Q-44 今回の不祥事の責任をとらせるために役員の退任や従業員の解雇の予定はありますか

Q-45 今回の不祥事に関与した人物に対する処分を考えていますか。具体的な処分の内容はどのようなものを想定していますか

Q-46 今回の不祥事は組織ぐるみのものですか

Q-47 今回の不祥事に現在の経営陣はどの程度関与していましたか

Q-48 今回の不祥事に過去の経営陣はどの程度関与していましたか

Q-49 今回の不祥事に関与した人物に対する損害賠償請求を考えていますか

Q-50 今回の不祥事に関与した人物に対する刑事告訴を考えていますか

第４　調査体制・方針

Q-51　今後の対応に関するスケジュールを教えてください

Q-52　どうしてそんなに時間がかかるのですか

Q-53　スケジュールをもう少し早めることはできないのですか

Q-54　今後の調査の方針を教えてください

Q-55　誰が調査するのですか

Q-56　（自社調査の場合）自社だけで調査するのはなぜですか

Q-57　（第三者調査の場合）第三者委員会の人選はどのように行ったのですか

Q-58　（第三者調査の場合）第三者委員会の委員の独立性と中立性は保たれていますか

Q-59　（調査後）調査内容が不十分ではないでしょうか

Q-60　（調査後）ここまで調査に時間がかかった理由は何故ですか

Q-61　（調査後）調査スケジュールが変更になったのは何故ですか

Q-62　（調査後）調査後、公表まで○日間がかかっていますが、公表まで時間がかかったのは何故ですか

第５　再発防止策の策定・実行

Q-63　現時点で想定している再発防止策はありますか

Q-64　そのような再発防止策で本当に再発を防止できるのですか

Q-65　貴社は今回の不祥事をどのようにとらえています

か

Q-66　貴社は今後どのような形で世間からの信頼回復を図っていくつもりですか

Q-67　（製品事故等の場合）今後、販売を再開する予定はありますか

第6　記者会見の方法および内容

Q-68　（社長が欠席した場合）本日の会見に社長が欠席したのは何故ですか

Q-69　（社長が欠席した場合）社長の話を聞けるのはいつですか

Q-70　（調査中で凌ごうとした場合）いつになったら調査結果はわかるのですか

Q-71　（調査中で凌ごうとした場合）調査はもっと早くできないのですか

おわりに
～不祥事対応が企業の成長の糧になる～

本書でも繰り返し説明させていただきましたが、企業不祥事対応の基本姿勢は「世間の要請に応えること」です。世間は、「企業には正しいことを正しくしてほしい」と願っています。正しいことをするための出発点は、世間の役に立つからこそ、企業は存続し、成長し、発展することが認められる存在であると自覚することです。

不祥事や事故は、ある日突然起きますが、その際に考えるべきことが、自分たちの保身であってはいけません。被害者がいる場合には真っ先に被害者のことを考えて対応すべきだし、被害の拡大が予想される場合にはそれを食い止めるためにできる最大限の行動をとるべきです。

これは不祥事や事故が発生した場合にとっさにやろうとしても、できることではありません。不祥事が発生したときこそ、メッキが剥がれて本当の姿が露見されてしまい、真価が問われるものです。そのような意味では、日ごろの行動準則や、日ごろの気持のもち方を変えていかなければなりませんし、それを組織としても徹底し、追求していかなければなりません。

誰にも、大切な人はいると思います。仮にすぐに思い浮かばなくても、過去に大切だった人はいると思います。子供、配偶者、パートナー、親、恩師、友人、学生時代の先輩、後輩、または過去の自分自身など、思い浮かぶ人が誰かは、人それぞれだと思いますが、それらの大切な人を前に、まっすぐに目を見て、胸を張ってありのままのふるまいを語ることができない行動は、してはいけないし、すべきではありません。自分自身の人生における誠実さや正直さよりも、自分が所属する組織の利益や理屈が勝ることなんてありません。でも、人間は誰しも誘惑に負け、状況に流されてしまって、ときにこのようなあたりまえの話すら忘れてしまいます。だからこそ、企業はトップが繰り返しコンプライアンス意識の維持・向上に向けたメッセージを配信し続け、研修や勉強会を行い、コンプライアンスを浸透させるために不断の努力をして、あたりまえに正しいことを正しく行うことができる組織体でいれるように精進し続けなければなりません。

これからの時代は、情報の価値が高まり、ますます情報の入手も容易になり、その情報の質を確認する方法も容易になってくると思います。そうすると、ある企業の周辺で不祥事が発生した場合に、世間は一瞬にして、その企業の正しさを検証するための材料を集めることができます。どんなに日ごろ良いことを言っていたとしても、一瞬で真偽が見抜かれて、暴かれますし、不祥事が発生した場合に急場を取り繕って凌ごうとしても、凌ぎ切ることはできません。今以上に、ずるく逃げることや、不誠実なふるまいは許されない時代になっていくと思います。そのような時代で大切なことは、誠実さと正直さを追求する日ごろの姿勢を徹底し、それを継続していくことだと思います。

本書では、企業不祥事対応の具体的な方法を紹介させていただきましたが、その根本にある思想は、世間の要請に応えて、健全に企業を存続、維持、発展させていくために、どのような心がけでしくみづくりを進めていくかということです。そして、健全に企業を経営、運営していくことができれば、必ずや世間もそれを評価してくれて、結果として企業の業績も上がり、企業の繁栄に繋がっていくのだと信じています。

本書の内容が、企業を正しく成長させる糧となり、正しくふるまえる企業の活躍によって、明るい豊かな社会が実現することを願っています。

2021年１月　新型コロナウィルスの感染収束を願いつつ

〔著者略歴〕

奥 山 倫 行（おくやま　のりゆき）

アンビシャス総合法律事務所・弁護士

（経歴）

1993年３月　北海道立札幌南高等学校卒業
1998年３月　慶應義塾大学法学部法律学科卒業
2001年３月　慶應義塾大学大学院法学研究科修士課程修了
2001年４月　最高裁判所司法研修所入所（55期）
2002年10月　第二東京弁護士会登録
　TMI 総合法律事務所入所（～2007年２月）
2007年４月　札幌弁護士会登録
　アンビシャス総合法律事務所設立
2010年６月　株式会社 HVC（HVC, Inc.）監査役就任（～2011年７月）
2011年８月　北海道ベンチャーキャピタル株式会社（旧 株式会社 HVC）監査役就任（～2019年６月）
2013年４月　医療法人社団一心会理事就任
2013年９月　札幌商工会議所相談員就任
2014年９月　エコモット株式会社監査役就任
2016年５月　北海道よろず支援拠点コーディネーター就任
2019年６月　北海道ベンチャーキャピタル株式会社社外取締役就任
2019年11月　株式会社 itakoto 社外取締役就任
2019年12月　五稜化薬株式会社社外監査役就任
2020年12月　EZO CONSULTING GROUP 株式会社社外取

締役就任
（重点取扱分野）
　コンプライアンス／リスクマネジメント／不祥事対応／クレーム対応／IPO支援／M&A

〔著書一覧（民事法研究会刊）〕
・『弁護士に学ぶ！　債権回収のゴールデンルール〔第2版〕』（2020年）337頁　2500円（税別）
・『弁護士に学ぶ！　交渉のゴールデンルール〔第2版〕』（2019年）211頁　2000円（税別）
・『弁護士に学ぶ！　契約書作成のゴールデンルール』（2016年）228頁　2100円（税別）
・『成功する！　M&Aのゴールデンルール』（2016年）216頁　2300円（税別）
・『弁護士に学ぶ！　クレーム対応のゴールデンルール』（2014年）232頁　1600円（税別）

〔事務所所在地〕
アンビシャス総合法律事務所
〒060-0042　北海道札幌市中央区大通西11丁目4-22
第2大通藤井ビル8階
TEL　011-210-7501（代表）
FAX　011-210-7502
URL　http://ambitious.gr.jp

弁護士に学ぶ！
企業不祥事・謝罪対応のゴールデンルール

2021年３月16日　第１刷発行

定価　本体2,500円＋税

著　者　奥山　倫行
発　行　株式会社　民事法研究会
印　刷　株式会社　太平印刷社

発行所　株式会社　民事法研究会
〒150-0013　東京都渋谷区恵比寿3-7-16
〔営業〕TEL03(5798)7257　FAX03(5798)7258
〔編集〕TEL03(5798)7277　FAX03(5798)7278
http:www.minjiho.com/　info@minjiho.com

落丁・乱丁はおとりかえします。ISBN978-4-86556-421-1 C2032 ￥2500E
カバーデザイン：袴田峯男